KINZAI バリュー叢書

金融の未来

ポスト・フィンテックと「金融5.0」

山岡　浩巳［著］

一般社団法人金融財政事情研究会

■はしがき
――フィンテック10年の現在地と「金融5.0」の展望

「フィンテック」が本格的に登場して、約10年（a decade）が経過した。

2008年のリーマンショックを発端とするグローバル金融危機の前後、現在の金融革新の基盤となる技術が、「カンブリア大爆発」のように一斉に登場した。

2007年にiPhoneが誕生し、その後スマートフォンは世界中で爆発的に普及した。2008年にはブロックチェーン・分散型台帳技術が「サトシ・ナカモト論文」により紹介され、2009年にはこれらの技術に基づいた初めての暗号資産（仮想通貨）「ビットコイン」が発行された。さらにこの頃から、AIの一分野である「ディープラーニング（深層学習）」も急速に発達した。

これらの技術は、その後の金融イノベーションやフィンテックを押し進める、大きな原動力となった。

中国のAlipayやWeChat Payに代表される、スマートフォンを経由した支払決済サービスを通じて、世界中で数十億人規模の人々が、新たに金融サービスにアクセスできるようになった。世界の長年の課題であった、新興国・途上国の人々や貧しい人々に金融機能を提供していく「金融包摂（financial inclusion）がわずか10年間で一気に進んだことは、フィンテックの大きな成果である。さらに、キャッシュレス決済や異業種の金融サービス分野への参入も大きく進んだ。

このように、フィンテックは、過去10年間の金融の世界的潮流を描写する重要なキーワードであった。また、金融イノベーションに向けた関係者の力を結集する有益なスローガンにもなった。

一方で、この言葉は、「情報革命」や「データ革命」といった、現在生じている世界的な変化のなか、関係者の視野を金融分野に狭く限定させてしまうおそれもある。

過去10年間に進んだ地殻変動は、決して金融分野に限られるものではない。たとえば、「シェアリングエコノミー」というビジネスを登場させたAirbnbやUberも、グローバル金融危機の最中の、それぞれ2008年、2009年に誕生している。

さらに、現在では日々の生活の一部となっている「インスタ映え」や「いいね！」なども、この10年間に生まれたものである。

これらの背景にあるのは、世界に向けて生み出されるデータ量の圧倒的な増加と、その処理コストの大幅な低下である。フィンテックは、このような世界的な情報革命やデータ革命の、金融面での発現形態にすぎないといえる。

本書ではまず、マネーの誕生（1.0）、金融業・銀行業の成立（2.0）、中央銀行の設立を含む現代金融システムの形成（3.0）、フィンテック（4.0）など、これまでの金融の進化を整理する。そのうえで、「ポスト・フィンテック」の金融、すなわち「金融5.0」の姿を展望する。

このなかで、「金融業」と「非金融業」、さらには「金融取引」と「非金融取引」との線引きがますますむずかしくなっていくこと、「マネー」と「データ」が一段と接近していくことなど、金融を取り巻く環境の大きな変化を描写したい。

これらの環境変化は、既存の金融業にとっては競争を激化させる要因となるが、同時に金融の可能性を大きく広げるものでもある。

2020年５月

山岡　浩巳

目　次

第1章

マネー・金融と情報処理——金融1.0から3.0

第2章

フィンテックの登場——金融4.0

第3章

キャッシュレス化とマネーの将来

第4章 経済のデジタル化と金融

第5章 経済の成熟化と金融

第6章
ポスト・フィンテックと金融5.0

第1章

マネー・金融と情報処理
――金融1.0から3.0

1 マネーの登場——金融1.0

(1) マネーの機能

マネーは人類の大発明

金融の基本的なインフラは、何といっても「マネー」である。人間はマネーを通じて協力や協業を行い、経済成長を実現した。一方で、マネーは時にそれ自体が人間の欲望の対象となり、経済変動やバブル、恐慌などの要因にもなった。ピンク・フロイドの名曲『マネー』でも、マネーは何でも実現してくれるが、諸悪の根源でもあると歌われている。

図表1　金融1.0から5.0へ

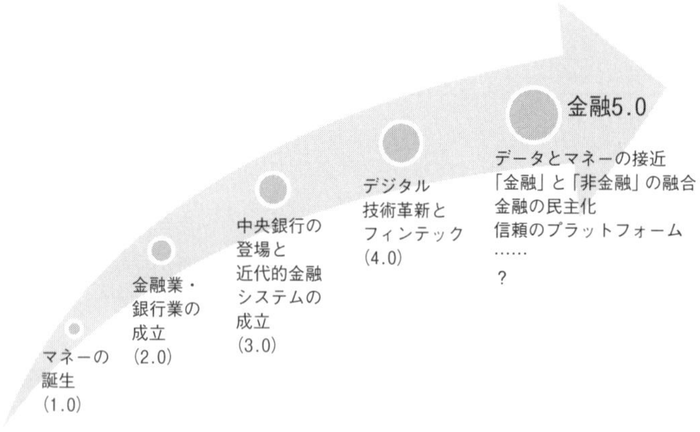

図表2　人類の偉大な発明

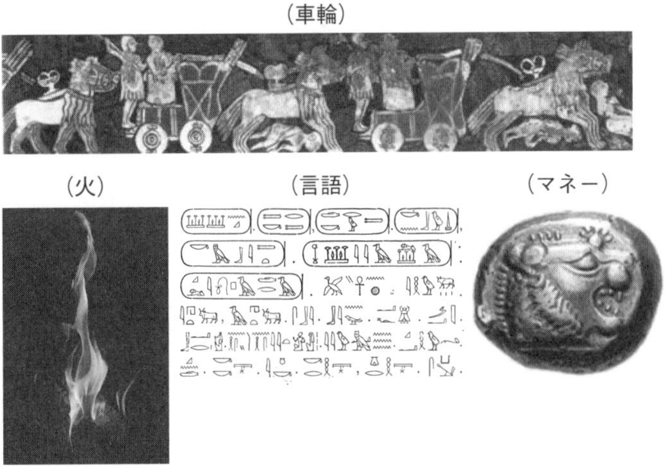

金融の将来を展望するうえでも、マネーについての考察は必要不可欠となる。そこでまず、マネーの誕生、すなわち「金融1.0」について振り返ってみよう（図表1）。

マネーは、言語や火、車輪などとともに、人類の生んだ偉大な発明である（図表2）。

人間は、マネーを発明したことで、見ず知らずの他者との間で時間や空間を超えた交換を行い、経済社会を形成するようになった。このように、マネーを通じて不特定多数の人々と協力し、経済活動を行えるようになったことは、他の動物とは異なる、人間の大きな特徴といえる。

マネーと情報・データ

マネーは本源的に、情報やデータ処理と深く結びついている。

マネーの起源をめぐっては諸説あるが、古典的な学説は、アリストテレスやアダム・スミスなどが主張したように、物々交換の過程から、価値尺度や価値の保蔵手段として適したモノがマネーに発展していったという説である。

もっとも、物々交換を成立させるためには、「自分がほしいモノをもっている人が目の前にいて、その人も自分がもっているモノをほしがっている」という「欲求の二重の一致」が必要であり、そうした偶然は現実にはなかなか起こりそうにない。このため、人類史において、マネーの誕生前に物々交換が広範に行われた時代は実際にはなかったのではないかとの見方が、最近では有力になっている[1]。

また、有名なヤップ島の石貨（フェイ、ヤップ語でライ）（図表3）は、大きなものは運搬も不可能であり、なかには海底に沈んだものもあった。これがマネーとして使われたことは、マネーが必ずしも物々交換に由来しないことを示唆している。

これらの知見をふまえ、20世紀には新たな有力説が登場した。すなわち、人間は他者に恩恵を施し、恩恵を受けた人間はお返しをしようとする性向をもっており、マネーは、そうした

1　最も有名なものは、英国の人類学者Caroline Humphreyの主張であろう。たとえば、C. Humphrey et al. “Barter, Exchange and Value”（1992）など参照。

図表3　ヤップ島の石貨

恩恵の貸し借りを定量化して記録する「データの記録簿」として登場したという説である。

もっとも、いずれの説においても、マネーは、さまざまな財やサービス、恩恵などの価値を「測り」「定量化・データ化する」という機能と不可分である。

古代メソポタミアの通貨単位「シェケル」は、大麦の重さと結びついていた[2]。また、古代ローマの通貨単位「リブラ」はまさに秤（天秤）を意味しており、これも1日分のパンの重さ

2　シェケルはその後、イスラエルの通貨単位となった（現在のイスラエルの通貨単位は「新シェケル」である）。

を「測る」ことに由来する（英ポンドの通貨記号に「L」が用いられているのは、その名残である）[3]。

このように、価値の定量化・データ化は、ヤップ島の石貨など古代の通貨から現代の通貨に至るまで、あらゆるマネーに共通する機能である。

マネーの機能として教科書に書かれている「価値尺度」「価値保蔵」「交換」という3つの機能も、この価値の定量化・データ化を通じた抽象化に基づいている。

人類史上、このような役割を果たすマネーとして、巨大石や麦、貴金属など、「つくったり、見つけたり、掘り出すのに人間が労苦を要するモノ」が使われてきた。すなわち、マネーは、財やサービスなどを生み出すのに要した「人間の労苦」を互いにデータ化し、抽象的な概念に変換することで、時空を超えた交換を可能にした。

マネーと抽象化

このような「抽象化」という精神活動は、ほかの動物にはみられない、人間の大きな特徴である。

マネーは、この抽象化というプロセスと一体となった偉大な発明であり、これにより情報処理・データ処理の効率性は飛躍的に高まった。

一方で、マネーや、さらには金融が「抽象化」という思念上

3　なお、フェイスブックが2019年6月に計画を公表したデジタル通貨の名称も「リブラ（Libra）」である。

の変換機能を前提としていることは、時に人間が実態を離れた「虚構」をつくりだしてしまう可能性と裏腹である。人間がマネー自体を欲望の対象とし、その蓄積を目的とする行動に走ることや、人間がつくりだした経済社会が、しばしば実体とマネーによる価値との乖離から大きく変動することなども、このような、人間の「抽象化」という精神活動に起因している。

⑵　マネーの礎は信認・信頼

マネーが「目にみえる」ことは必要条件ではない

このように、マネーは本質的に情報やデータと深くかかわっている。

金融とは、マネーというデータインフラを活用した情報処理の体系といえる。同時に、マネーは価値の定量化のための共通の物差しとして、なんらかの人間の労苦を象徴している。そして、情報・データ処理のインフラであるマネーを取り扱うことは「情報やデータの取扱いを託す」ということでもある。このため、マネーや、マネーを取り扱う主体には、常に高い信頼と信認が求められてきた。

マネーに関してもう１つ重要なことは、時には海底に沈んだ、誰も目にすることのないヤップ島の石貨すらマネーとして使われたように、マネーがマネーとして機能するためには、必ずしもそれが目にみえるモノである必要はないことである。

このことは、現在、情報技術革新のもとでデジタルマネーが大きく成長していることとも整合的である。

デジタルマネーの出現は、マネーの成立ちをふまえればまったく不思議ではない。

マネーにとって決定的に重要なことは、それが目にみえるかどうかではなく、人々がそれを、情報やデータの保全や処理を託すインフラとして、十分信頼できるかどうかである。

2 金融業・銀行業の成立と発展 ——金融2.0

(1) 情報・データとパワー

情報やデータはパワーの源泉

次に、金融という複雑な情報・データ処理活動を専門的に行う経済主体である「金融業」や「銀行業」の成立—すなわち「金融2.0」—について概観する。

マネー同様、金融業の成立や発展も、情報やデータの処理と一体となって進んできた。

情報やデータは、歴史を通じて、常にパワーの源泉であった。

現在、「21世紀の石油」とも呼ばれているデータは、石油とは異なる特性をもっている。それは、①使っても減らない、②保管に場所をとらない、③たくさん集めるほど限界効用も高まりうる[4]、ということである。

このようなデータの特性は、「データを集める主体は、ますます強大化しやすい」ということにもつながる。歴史上、一定のパワーを獲得した主体がまず行ったことは「データの収集」

4　数人のデータを集めただけではあまり役に立たないが、数百万人のデータが集まれば米国の大統領選挙にも影響を及ぼしうることは、2016年のフェイスブックの事例が示したとおりである。

であった。このことは、日本でも、律令国家による戸籍の整備や太閤検地の例が示している。これにより、担税力や潜在的な兵力などを把握できた国家や集団は、さらに強大になっていった[5]。

情報・データと金融

このことは、経済や金融でも同様である[6]。金融史を振り返っても、その時々で強いパワーやネットワークをもち、信認を得た主体が、これらを活用するかたちで金融機能を提供し、情報やデータを集積することで、さらにパワーを強めてきた。

図表4　テンプル騎士団の紋章

5　古代のアケメネス朝ペルシャやローマが当時世界最大の国家となりえたのも、駅伝制やローマ街道の整備などを通じた情報・データのインフラを整備できたことが一因といえる。たとえば、塩野七生『ローマ人の物語―ローマは一日にして成らず（上）（下）』（新潮文庫、2002年）など参照。

6　現在では、米国のGAFAや中国のBATのような“BigTech”と呼ばれる巨大データ企業へのパワーの集中が世界的な論点となっている。

12世紀から13世紀にかけて、中世十字軍の時代に強大な力をもったテンプル騎士団は、西方から東方に遠征する人々のために金融類似の機能を提供した[7]（図表4）。

十字軍に参加する人々は、西方でテンプル騎士団に寄進を行い、東方に着いてから、その記録を現地での購買力に換えていた。当時、西方と東方にまたがって、大きなパワーとネットワーク、そして信認をもっていた主体はテンプル騎士団だけであったことが、このような金融類似の機能を果たした背景であった[8]。

(2) 銀行業の成立

銀行業の成立と印刷技術・複式簿記

そして、ルネサンス期後期以降、東西交易などの経済活動を通じて情報・データの蓄積を進め、大きなパワーをもつに至ったのが、メディチ家などによって営まれた銀行業であった。

銀行業の情報・データ処理産業としての発展は、印刷技術と複式簿記という、当時の大きな情報技術革新を背景としていた（図表5）。

ヨハネス・グーテンベルクが15世紀前半に考案したとされる

7　このことを描いた小説としては、たとえばウンベルト・エーコ『フーコーの振り子』（文春文庫、1999年）を参照。

8　「その当時で最大のパワーとネットワークを有していた主体が金融類似の機能も提供した」というテンプル騎士団の歴史は、現在、米国のGAFAや中国のBATが金融分野に参入すること自体はまったく不思議ではないことを示唆している。

図表5　銀行業成立を支えた技術（印刷技術と複式簿記）

複式簿記

ヨハネス・グーテンベルク

活版印刷は、データや情報を記録し、伝達し、共有する効率を飛躍的に高めた。また、ルネサンス期に世界で初めて本格的な銀行業を開始したイタリアのメディチ家は、複式簿記を積極的に活用したことでも知られる。複式簿記は、さまざまな経済主体の活動や状況に関する情報やデータを、不特定多数の主体が共通の様式で共有することを可能にした[9]。

情報・データを集積する銀行のビジネスモデル

このような技術進歩を背景に登場した「商業銀行モデル」のもと、銀行は預金を提供することを通じて、支払決済機能と金融仲介機能を同時に果たすことになった（図表6）。

9　複式簿記が資本主義の発展に果たした役割については、多くの研究者が触れている。たとえば、マックス・ウェーバー『プロテスタンティズムの倫理と資本主義の精神』（岩波文庫、1989年）など参照。

図表6　銀行の「範囲の経済」

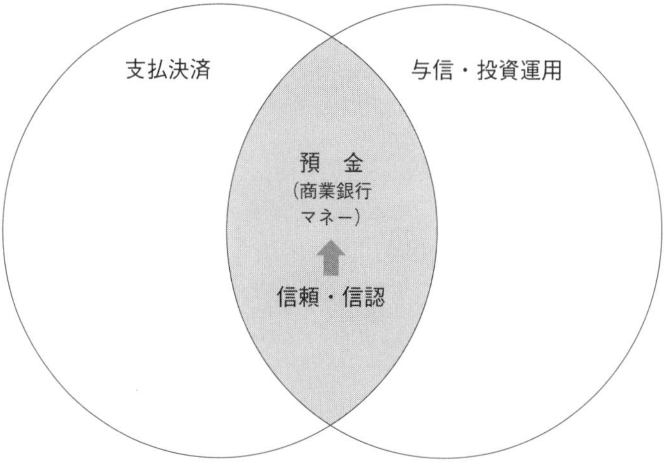

銀行は預金口座の提供により、企業や個人の取引や資産に関する情報やデータを把握し、これらを金融仲介やリスク管理などに利用できる。一方、資金を必要とする企業や個人は、銀行から有利な条件で与信を受けるため、自ら進んで銀行に情報やデータを提供する。このようにして銀行は、情報やデータが自分のもとに集まり、これを活用できるメカニズムをつくりだした（図表7）。

このことは、近代以降、銀行業がイタリアだけでなく、多くの国で強力なパワーをもつ背景となった。

また、支払決済サービスは単独では収益化が容易ではなく、少なくとも最近まで、銀行以外の主体にとっては単独での提供がむずかしいサービスであった。この点、銀行は、前述のよう

図表７　銀行の情報・データ収集と活用

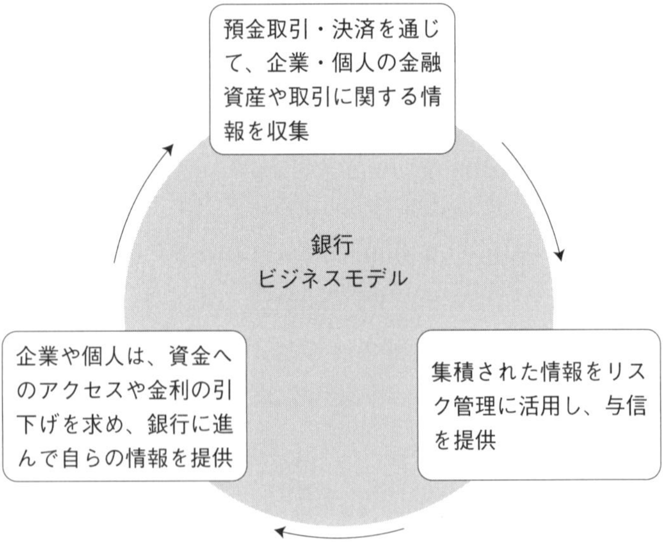

な情報・データの集積と活用を通じて、支払決済サービスから得られる情報やデータを金融仲介に活用し、ここから得られる収益を支払決済サービスの提供に充てるという「範囲の経済」を通じて、預金マネーを通じた支払決済機能を持続的に提供し、自らのネットワークをさらに拡大していった。

銀行のこのような活動は、「部分準備」と「期間変換」―すなわち、短期の預金を長期の貸出などに充てる金融仲介活動―が前提となる。これは時には流動性危機の原因となり、預金保険や中央銀行の「最後の貸し手」(LLR、Lender of Last Resort)としての機能が要請される背景にもなってきた。

このため、学界では20世紀以降、支払決済手段を提供する主体が期間変換を行うことを禁止し、安全な流動資産を100％裏付けとする「ナローバンク」をつくってはどうかとの提案も行われてきた。

銀行が期間変換を行わなければ、流動性危機は起こりえず、預金保険や中央銀行のLLR機能も不要になるとの主張である。これは見方を変えれば、支払決済機能と金融仲介機能を分けるということである。

しかし、現実の世界ではナローバンクが発達をみることはなかった。これも、支払決済サービスは単独では収益性の確保が容易ではなく、支払決済と金融仲介を同時に提供する商業銀行ビジネスモデルに勝るモデルを見出すことがむずかしかったためといえる。

産業の歴史をみると、GAFA、BATといったIT企業の歴史が浅いのは当然だが、20世紀の経済を支えた自動車、鉄鋼、石油、航空機などの主要企業も、そのほとんどが、実は20世紀に入ってから設立されている。一方、金融業の歴史は600年を超えており、非常に息の長い産業といえる（図表８）。

ルネサンス後期にイタリアで生まれた銀行業は、近代から現代にかけてほとんどの国々で産業として大きな力をもち、経済を主導した。

このような歴史は、銀行のビジネスモデルが、情報やデータを収集し活用するメカニズムとして、非常に強力であったことを示している。

図表8　歴史を主導した企業の設立年

20世紀経済を主導した企業の多くは、実は20世紀に設立
一方、金融業の歴史はかなり長い

（自動車・鉄鋼・石油・航空機・ITなど）
フォード（1903年）
ロールス・ロイス（1906年）
ゼネラルモーターズ（1908年）
クライスラー（1925年）
トヨタ（1937年）
USスチール（1901年）
官営八幡製鐵所（1901年）
テキサコ（1901年）
ボーイング（1934年）
IBM（1911年）
マイクロソフト（1975年）
アップル（1976年）
グーグル（1998年）
フェイスブック（2004年）

（金融）
モンテ・デイ・パスキ・ディ・シエナ（1472年）
ロイヤルバンク・オブ・スコットランド（1727年）
ロイズ銀行（1765年）
バンク・オブ・マンハッタン（1799年）
ケミカル銀行（1824年）
ウェルズ・ファーゴ（1852年）
ラボバンク（前身は1895年）
クレディ・アグリコル（1885年）

その後の金融業や銀行業の発展も、情報技術の進歩と一体となって進んできた。

たとえば、電信の誕生やコンピュータ、インターネットの登場は、電信送金やコルレス銀行業務、ATMやネットバンキングの発展に結びついてきた。このことも、金融業が本質的に情報処理産業であることをふまえれば当然といえる。

3 中央銀行と近代金融システムの成立――金融3.0

(1) 中央銀行の登場

中央銀行は近代国家の産物

歴史上の次なる金融の大変革は、各国における、通貨を一元的に発行する中央銀行の登場と、これに伴う、マネーの供給に関する商業銀行と中央銀行の「二層構造」の成立である。これにより、近代的な金融システムがほぼ完成した。

歴史的にみると、中央銀行は、歴史上の特定の一時期、すなわち近代後期（19世紀以降）にほぼ一斉に誕生している。中央銀行のなかでは、スウェーデンと英国の中央銀行の設立が例外的に古いが（前者は1668年、後者は1694年）、これらは当初は商業銀行的な色彩を強く帯びており、通貨の一元的な発行を担うようになったのは、やはり19世紀に入ってからである（英国の中央銀行〈イングランド銀行〉が通貨の一元的な発行を担うようになったのは1844年のピール銀行条例による。また、スウェーデンの中央銀行が通貨の一元的発行を担うようになったのは1897年である）。ちなみに、ドイツ・ライヒスバンクの設立は1876年、日本銀行の成立は1882年、米国連邦準備制度の成立は1913年と、やはりほぼ同時期である（図表9）。

このように、各国の中央銀行が、近代国民国家確立の後期に

図表9　主な中央銀行の設立年

—近代的中央銀行の登場は19世紀以降に集中—

・スウェーデン中央銀行（リクスバンク）：1668年
（一元的に通貨を発行するようになったのは1897年）
・イングランド銀行：1694年
（一元的に通貨を発行するようになったのは1844年）
・フランス銀行：1800年
（一元的な通貨発行が仏全土に及んだのは1848年）
・ドイツ・ライヒスバンク：1876年
・日本銀行：1882年
・イタリア銀行：1893年
・米国連邦準備制度：1913年

集中して設立されたことは、前述のようにマネーが「信頼」と「信認」を必要とすることと密接に関連している。中央銀行が発行する通貨は、紙や帳簿上の記録など、それ自体は使用価値をもたない。こうした通貨を一元的に発行する中央銀行への信認を構築するには、法制や税制などさまざまなインフラが必要となる。このようなインフラが整備されるには、近代国民国家の確立を待たなければならなかったのである。

中央銀行と「二層構造」の世界的拡大

中央銀行の登場に伴い、マネーの供給について、商業銀行と中央銀行という「二層構造」が確立した。すなわち、中央銀行は銀行券を一般向けに発行するほか、主に民間銀行向けに口座を提供し、中央銀行預金を提供する（この銀行券と中央銀行預金は、いずれも中央銀行の債務として「中央銀行マネー」ないし

図表10　マネー供給の二層構造

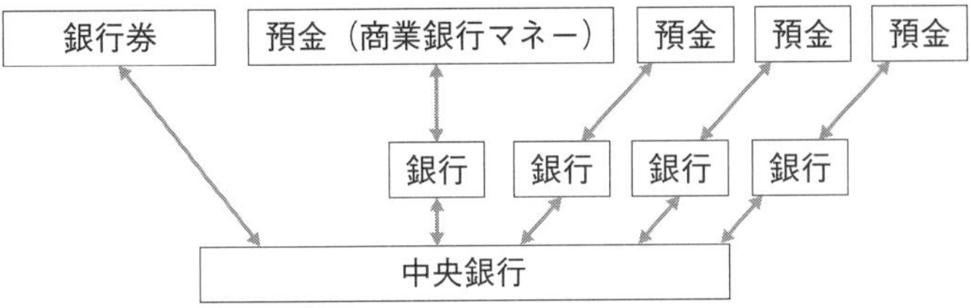

「ベースマネー」を構成する)。そして、民間銀行は、中央銀行の用いる通貨単位に沿って、預金（商業銀行マネー）を発行する(図表10)。

このような二層構造は、近代的中央銀行の登場からわずか100年程度の間に、全世界に爆発的に広がった。いまや、世界中のほとんどの国々や地域が中央銀行をもち、一元的に通貨発行を担わせるようになっている。そして、中央銀行に口座をもつ民間銀行が、預金口座を提供するとともに貸出や投資を行い、金融仲介機能を果たしている。

このような二層構造が世界中に広まった理由は、この構造がきわめて効率的かつ強力であったためといえる。

まず、国内で使われる通貨の単位を統一できる。国内に複数の通貨単位が存在する場合、取引のつど、それぞれの交換レートについて合意しなければならず、そのために膨大なコストがかかってしまう。この点、通貨単位が一元化されれば、このような換算に伴うコストを回避し、経済取引や経済活動を飛躍的に効率化できる。

また、民間のイニシアチブにより、支払決済のイノベーションを進めることができる。中央銀行が一般向けに提供する支払決済手段は銀行券に特化する一方、民間銀行はさまざまな企業とも連携しながら、支払決済インフラを進化させてきた。ATM（Automated Teller Machine）やクレジットカード、デビットカードなども、民間主導で導入されてきたものである。

さらに、民間のイニシアチブを、経済社会における効率的な資金の配分にも活用することができる。個々のプロジェクトのリスクとリターンの判断において、中央銀行は優位にあるわけではない。このなかで、民間銀行が互いに競争しながら、さまざまなプロジェクトのリスクとリターンを評価し、貸出や証券投資などの金融仲介活動を進めることで、経済における効率的な資金配分を実現することができる。

⑵　近代国家とマネー

国家の枠組みに基づく信頼の構築

このような、二層構造を基本とする近代の金融システムは、国家の枠組みに基づくマネーに依拠している。これは、マネーや金融の基盤となる「信頼」や「信認」を構築するインフラとして、近代国民国家が現状では相対的に優位にあることと裏腹である。実際、現在、法制や税制、議会、規制監督当局などは、ほとんどの場合、国ごとに構築されている。したがって、マネーへの信頼も、これらのインフラをもとに構築することが、現状では最も効率的となりやすい（図表11）。

図表11　国家に基づく信認確保の枠組み

・法制度（立法・司法）
・徴税権
・金融規制監督
・中央銀行制度
・会計制度

もちろん、だからといってマネーへの信頼が必ず確保されるわけではない。国の政策自体が信頼を失えば、その国の通貨への信頼も―それが当該国での納税や会計単位として使えるかどうかにかかわらず―失われてしまうことは、歴史上のハイパーインフレの事例が示すとおりである。すなわち、国家に基づくマネーへの信頼確保の枠組みの優位性も、あくまで相対的なものととらえておくべきであろう。

したがって、「将来、国家を超えるマネーが登場するのかどうか」は、「将来、国家に代わる信頼構築の仕組みが登場するのかどうか」と表裏一体の問題である。暗号資産（仮想通貨）や、2019年６月に構想が発表された「リブラ」が注目を集めたのは、まさにこの問題にかかわるものだからといえる。暗号資産やリブラについては、後の章で触れる。

第2章

フィンテックの登場
——金融4.0

1 フィンテックの背景

(1) フィンテック技術の「カンブリア大爆発」

スマートフォン、ブロックチェーン、AI

現在地球に生息している多様な動物の原型は、いまから5億3,000万～4,000万年前のカンブリア紀の特定の時点に一気に登場したようにみえ、これは「カンブリア大爆発」と呼ばれている。

そして、2008年のリーマンショックを契機とするグローバル金融危機の前後には、その後の金融に大きな影響を及ぼす情報技術が「カンブリア大爆発」のように一斉に登場した。

その代表的なものが、①スマートフォン、②暗号資産（仮想通貨）の基盤技術であるブロックチェーン・分散型台帳技術、そして、③AI（人工知能）の一分野であるディープラーニング（深層学習）である[10]（図表12）。

まず、2007年にはiPhoneが登場し、その後スマートフォンは世界中で爆発的に普及した。スマートフォンは現在では、金

10　これら以外にも、金融に大きな影響を及ぼしうる新技術としては、生体認証や暗号技術、量子コンピュータなどもあげられる。たとえば生体認証の発達は、“AI-OCR”を通じてAIの発達にも支えられるなど、これらの技術は相互に影響を及ぼし合っている。

図表12　フィンテックの基盤技術

・スマートフォン
　—iPhoneの登場は2007年
・ブロックチェーン・分散型台帳技術
　—サトシ・ナカモト論文は2008年
・AI（人工知能）
　—ディープラーニングの急速な発達は2010年頃から

融サービスの主要な媒体にもなっている。

また、2008年の「サトシ・ナカモト論文」により、ブロックチェーン・分散型台帳技術が紹介された。翌2009年には、これらの技術を基盤とする暗号資産（仮想通貨）「ビットコイン」が初めて発行された。ブロックチェーン・分散型台帳技術は、インターネット上でデータの改ざんや二重譲渡を防ぎながら、権利の記録や移転を実現できる技術として、大きなポテンシャルをもっている。

さらに、この頃から、AIの一分野である「ディープラーニング」が急速な発達をみた。AIは、生体認証やチャットボット、トレーディング戦略など、さまざまな金融分野への応用が進みつつある。

もちろん、これらの技術の金融実務への応用にはスピードの差もみられる。

スマートフォンは、金融業を含む広範な産業ですでにサービスの中核となり、使い勝手のよいアプリの開発やその普及は、いまやビジネスの主戦場となっている。またAIは、まさに現在進行形でビジネスへの応用が急速に進みつつある。この間、ブロックチェーン・分散型台帳技術については、有望な技術分野として、金融業を含む多くの産業や当局が実証実験やPoC（Proof of Concept）などを進めているが、これをビジネス化・収益化する取組みの多くは、なお今後の課題とされている[11]。

(2) グローバル金融危機と規制強化

グローバル金融危機への反省

これらの技術革新に加えて、グローバル金融危機のなか、米欧で金融機関への公的資金投入が行われたことは、既存の金融機関への世論の反発とともに、新規参入者を歓迎するムードにも結びついた。さらに、危機後の世界的な金融規制強化も、ノンバンク・フィンテック企業の金融分野への参入を後押しした。

G20サミットも、いまから約10年前の2008年11月に、グローバル金融危機への対応を目的として始まった。その後しばらくの間、G20での話題は危機対応や金融規制強化が中心であった。しかし近年では、フィンテックや金融イノベーション、後述する「リブラ」の問題などが、G20の議論でも大きなウェイトを占めるようになっている。

11　中央集権型の仕組みのもとでは、中央にある帳簿の信頼性を確保するためのコストがかかるが、分散型台帳技術を使う場合でも、取引検証などのコストはやはり発生する。したがって、これまでの中央集権型の仕組みが良好に機能している場合、それを単に分散型台帳技術に置き換えるだけでは、ビジネス上のメリットを得ることは容易ではない。

2 フィンテックが変えた金融

(1) 金融のグローバル化

デジタル技術による金融包摂の推進

フィンテックは、この10年間、世界の金融の姿を大きく変貌させてきた。

とりわけ特筆されることは、フィンテックが金融サービスの「グローバル化」を進め、新興国・途上国を含め世界中の人々が金融サービスにアクセスできるようにする「金融包摂（financial inclusion）」を、急速に進展させたことである。

携帯電話やスマートフォンは、この10年の間に、世界中で爆発的に普及した。2017年の世界銀行の調査によれば、世界中で17億人の成人がなお銀行口座をもてていないが、そのなかで、すでに11億人が携帯電話やスマートフォンをもっている[12]（図表13）。

金融包摂を進める手段として、かつては「いかに遠隔地に銀行の支店やATMを設置するか」に焦点が当てられてきた。しかしながら、いまでは、新興国・途上国の人々を含め広範な人々が、銀行の支店やATMを経由しなくとも、スマートフォ

12 World Bank Group "Global Findex Database"（2017）による。

図表13　銀行口座をもたない成人17億人の３分の２は携帯電話やスマートフォンをもつ

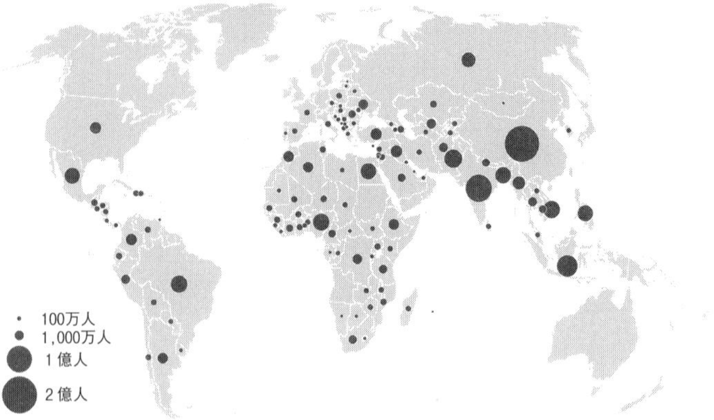

（出所）　世界銀行グループ“Global Findex Database”（2017年）

ンなどのモバイル手段を利用することで、金融サービスにアクセスできるようになった。すなわち、以前は想像しなかったようなかたちで、数十億人規模の人々の金融包摂が一気に進んだ[13]。

現在、利用者数では世界最大の支払決済プラットフォームである中国のWeChat Payは、サービス開始（2011年）からまだ10年も経過していないにもかかわらず、利用者は10億人を突破している。

13　この面での嚆矢となったのが、ケニアのモバイル支払決済サービス“M-Pesa”であろう。サファリコム社の提供する“M-Pesa”は、プリペイド型携帯電話のプリペイド残高を携帯電話間で移転できるサービスとして導入され、その残高が支払決済手段として活用されるようになったものである。

このように、金融包摂の推進を通じて金融の「グローバル化」を急速に進めたことは、フィンテックがこれまでに成し遂げた最大の功績といえる（金融包摂については、キャッシュレスとの関連でも後述する）。

⑵　金融のパーソナル化

スマートフォンはもともと「1人1台」のデバイス

また、フィンテックは金融を「パーソナル化」している。すなわち、AIやビッグデータ分析などを通じて、金融サービスを、それぞれの顧客にあわせてカスタマイズし、差別化して提供できるようになっている。

もともとは「1家に1台」の性格が強かったPCとは異なり、携帯電話やスマートフォンは、当初から「1人1台」の色彩を色濃くもつ媒体として登場した。

したがって、これらを通じて金融サービスにアクセスする利用者は、サービスが自分向けにカスタマイズされることを当然のように求める。

一方で、ビッグデータやAIの活用により、各利用者の特性を分析し、これにあわせて金融サービスを個別にテーラーメードすることも、従来に比べ格段に容易になっている。このようにフィンテックは、世界中の人々に、それぞれにあわせた金融サービスを提供することを可能にしている。

(3) 金融のバーチャル化

有形固定資産の重要性の相対的低下

フィンテックは金融を「バーチャル化」もしている。

これまでの金融業にとって、店舗網やATMネットワーク、大型電算センターなどの固定的インフラは、金融サービスを提供していくうえでの主要インフラでありパワーの源泉であった。

しかし今日では、顧客との接点にはスマートフォンアプリ、勘定系なども含めたITインフラにはクラウドやブロックチェーン・分散型台帳技術、リスク分析や投資判断にはAIなどを活用し、さらに現金を取り扱わないことなどを通じて、有形固定資産をほとんどもたずに金融サービスを提供することも可能となっている。実際、海外にはこのような「バーチャル銀行」や「デジタルバンク」が次々と誕生している[14]。

こうした構造変化は、充実した固定的インフラを武器としてきた日本の金融機関にとってはチャレンジとなる。

---

14 典型的には、中国Ant Financial社傘下のMyBankやTencent社傘下のWeBank、エストニアのLHVなどがあげられる。

3 情報革命・データ革命の進行
——フィンテックはその一側面

(1) グローバルな「データ革命」

新たなデジタルインフラの爆発的普及

一方で、フィンテックの本格的登場から10年が経過し、フィンテックは、グローバルに進行するデータ革命・情報革命の金融面での発現にすぎないことも明らかになってきている。情報技術革新がもたらしている構造変化は、金融にとどまらず、経済社会全体に及んでいる。

前述のスマートフォンやブロックチェーンといった技術以外にも、たとえば、Kindleの登場は2007年末、Uber設立は2009年、フェイスブックの「いいね！」ボタンやインスタグラムの

図表14　最近10年間に発展したインフラ

・電子書籍	(Kindle登場は2007年)
・「いいね！」	(Facebookの「いいね！」ボタン登場は2009年)
・「インスタ映え」	(インスタグラム登場は2010年)
・シェアリングエコノミー	(Airbnb設立は2008年、Uber設立は2009年)
・クラウド	(例：Google App Engineは2008年登場)
・モバイル決済	(例：WeChat Payは2013年、LINE Payは2014年登場)

登場は2010年であり、やはり、ほぼ同時に登場している（図表14）。

現在の人々の生活は、電子書籍やシェアリングエコノミー、「いいね！」や「インスタ映え」などを抜きには語れない。

しかし、これらはわずか10年前には、ほとんど影もかたちもなかったものである。現在、通勤電車のなかで人々がスマートフォンを操作してウェブを検索したり、SNSやゲーム、ネットショッピングなどを楽しむたびに、毎秒、膨大なデータが生産されている（図表15）。

過去、人類が生み出したデータの９割以上は、最近２年間に生み出されているとの推計もあるほどである[15]。

図表15　データ量の急増とデータ処理コストの急低下

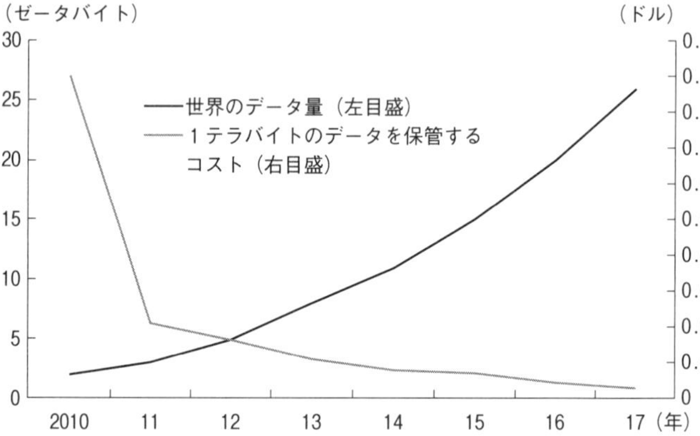

（出所）　金融安定理事会（FSB、Financial Stability Board）

15　SINTEF（2013）, 'Big Data, for better or worse: 90% of world's data generated over last two years', ScienceDaily（2013年５月22日）

金融業はもともと情報・データ処理産業としての性格を強くもっているため、情報技術革新やデータ革命―データ量の飛躍的増加とデータ処理コストの大幅な低下―の影響を強く受けやすいことは当然といえる。しかしながら、情報革命やデータ革命の影響は、いまや経済全体に及んでいる。このなかで金融は、そのサービスの内容だけでなく、供給構造自体が大きな変革圧力にさらされている。したがって、現在の変化を正しくとらえ、「ポスト・フィンテック」の金融のあり方を考えるうえでは、金融の枠を超えた広範な視点からの考察が必要となる。

(2) データ集積・活用における金融業の優位性低下

BigTech企業が新たなデータ・ジャイアントに

政治・経済などあらゆる面で、データを握ることがパワーの源泉となることは前述のとおりである。そして、銀行はこれまで、データを集積し活用するうえで相対的に優位にあった。すなわち、銀行は預金口座の提供を通じて企業や個人の資産・取引データを集積し、幅広い業務に活用してきた。

また、企業や個人も有利な条件で与信を受けるために銀行にデータを提供した。このようなデータ面での優位性は、長年にわたり、各国の産業のなかで銀行が主要な地位を占め続けた大きな背景であった。

しかし現在、人々がスマートフォンを通じてウェブサイトをブラウジングし、ｅコマースやSNSなどを利用するたびに、大

図表16　BigTech企業の金融参入

	米国のGAFA		
	Google	Amazon	Facebook
支払決済	Google Pay	Amazon Pay	Messenger Pay Libra（構想中）
与　　信	Lending Clubとの協力	Amazon Lending	

（出所）　金融安定理事会（FSB）“FinTech and market structure in finan-

量のデジタルデータが生み出されている。そして、銀行業や金融業はこれらのデータを収集し活用するうえで、必ずしも優位な立場にあるとはいえなくなっている。むしろ、eコマースやSNSの大規模プラットフォームをもつ企業やデジタルデバイス、ソフトウェアなどで圧倒的シェアをもつ企業が、データの集積や活用でも優位に立ちやすくなっている。

現在、“BigTech”と呼ばれ、世界を代表する巨大企業に成長している米国のGAFA（Google, Amazon, Facebook, Apple）や中国のBAT（Baidu, Alibaba, Tencent）は、いずれもそういった企業である。

このようなデータ面での優位性の変化は、金融を含む広範な産業に、大きな地殻変動を生じさせている。BigTech企業は、支払決済や与信などの金融サービス分野にも次々に参入している（図表16）。

既存の金融機関も、新たな強力な競争者として、BigTech企業を強く意識するようになっている。データ量の爆発的増加の

	中国のBAT		
Apple	Baidu	Alibaba	Tencent
Apple Pay	Baidu Wallet	Alipay	WeChat Pay
	Baixin Bank	MyBank	WeBank

cial services"（2019年2月）をもとに筆者作成

もと、手をこまねいていてはデータ面での優位性が低下してしまうことへの危機感から、現在、金融業を含む広範な産業が、デジタルデータをいかに収集し利用するかという課題に、真剣に取り組むようになっている。

(3)　金融サービスの分解と再構築

新たな「範囲の経済」

情報技術革新やデータ革命、BigTech企業の台頭は、金融サービスの供給構造にも大きな変化をもたらしている。

すなわち、(a)金融サービスの分解（アンバンドリング）と再構築（リバンドリング）、(b)金融サービスの供給主体の多様化、である（図表17）。

これまで、金融サービスの提供では、預金を核として、支払決済機能と金融仲介機能の両方を提供することで「範囲の経済」を享受できる銀行が有利な立場にあった。しかし、情報技術革新やデータ革命は、これまでとは異なる、新たな「範囲の

図表17　金融サービスの分解（銀行サービスの場合）

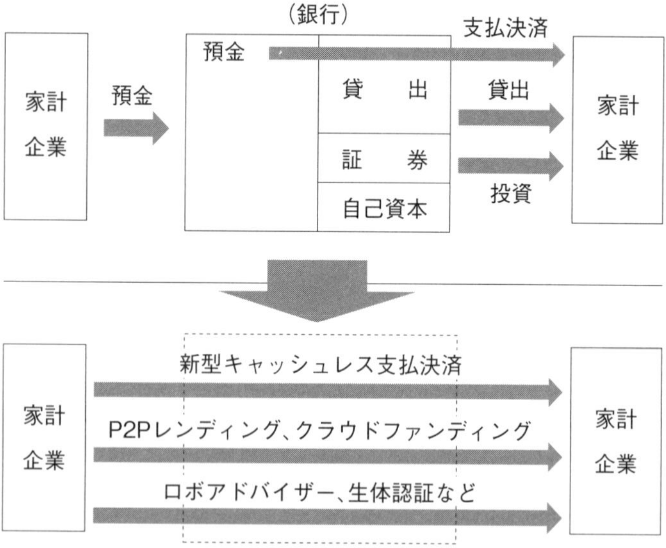

経済」をつくりだしている。

いまや、必ずしも自ら預金口座を提供したり、自らのバランスシートを使わなくても、既存の金融サービスを分解し、時には金融以外のサービスと組み合わせることで、多様なサービスを提供できる可能性が広がっている。たとえば、支払決済に付随する情報をｅコマースの販売促進に活用したり、SNSの利用データを信用リスク管理に用いることなどである[16]。

これに伴い、既存の金融サービスを分解し、別のサービスと

16　この典型が、中国Ant Financial社の提供する個人信用スコア“Zhima Credit Score”である。

組み合わせて再構築する動きが活発化している。

たとえば、支払決済サービスを提供する一方で金融仲介を行わない企業[17]や、自分のバランスシートを使わず、資金の需要者と供給者のマッチングを主なサービスとする企業[18]、生体認証技術やAML/CFT・KYC対応技術、信用リスク管理技術などに特化し、これらを提供する企業[19]などが登場している。

(4) 金融サービスの担い手の多様化

チャレンジャーバンク、ネオバンクなどの登場

金融サービスの担い手も多様化している。まず、前述のような金融サービスの分解と再構築の進行に伴い、自らの得意分野に注力してサービスを提供する企業や金融機関が数多く登場している。たとえば、銀行サービスの分野では、ほとんどのサービスをオンライン・デジタルベースで提供するバーチャル銀行や「チャレンジャーバンク」が登場している[20]。

一方で、自らは銀行免許をもたずに、既存の銀行との提携などを通じて銀行類似のサービスを提供する「ネオバンク」も現

17　この例としては、米国のPayPalやケニアのM-Pesaなどがあげられる。

18　この例としては、米国のLending Clubなど、クラウドファンディングやP2P（peer-to-peer）貸出に注力するフィンテック企業などがあげられる。

19　この例としては、エストニアのVeriff（生体認証技術）やBankish（信用リスク管理技術）などがあげられる。

20　この例としては、中国のWeBank（Tencent社傘下）やMyBank（Ant Financial社傘下）、米国のChime、ドイツのN26、エストニアのLHVなどがあげられる。

れている[21]。

この間、スタートアップ型のフィンテック企業は、支払決済に関連する各種サービスやクラウドファンディング、ロボアドバイザー（AIなどを用いた資産運用支援サービス）など、自らの得意分野に特化して参入を図るケースが多い[22]。

このように、情報技術革新やデータ革命のもと、特定の技術などの面で優位性をもつ主体が、これを生かして金融サービス分野に参入することが一段と容易になっている。現金や小切手、証券などを取り扱うノウハウなど、伝統的な金融業のノウハウがなくても、デジタルデータの集積・活用やアプリの開発などに優位性があれば、それを金融サービスの提供にも生かしやすくなっている。この間、既存の銀行（トラディショナルバンク）が、大規模なデジタル化を推し進めるケースもみられている[23]。

BigTech企業の金融参入

米国のGAFAや中国のBATといったBigTech企業も、自らのデータ集積・活用面やネットワーク面での優位を生かし、支払決済分野をはじめとする、さまざまな金融サービスに参入している。

21　この例としては、英国・エストニアのMonese、米国のSimple、Movenなどがあげられる。

22　この例としては、海外送金サービスに注力しているエストニアのTransferWise社などがあげられる。

23　この例としては、シンガポールのDBSがあげられる。

とりわけ、中国のBigTech企業（典型的にはAlibabaおよびTencent）に、その傾向が強くみられる。彼らは、自らが提供するｅコマースやSNSなど金融以外の広範なサービスと、金融サービスとの間に新たな「範囲の経済」やシナジーを見出している（図表18）。

これらのBigTech企業は、金融サービスを、彼らが提供する小売や保険、医療、娯楽など多様なサービスの「一部」ととらえる傾向が強い。そして、支払決済サービスを通じて収集したデータを他のビジネスに活用することなどにより、新たな「範囲の経済」を実現している。AlibabaのJack Ma前会長は、金

図表18　Alipayのスマホアプリ

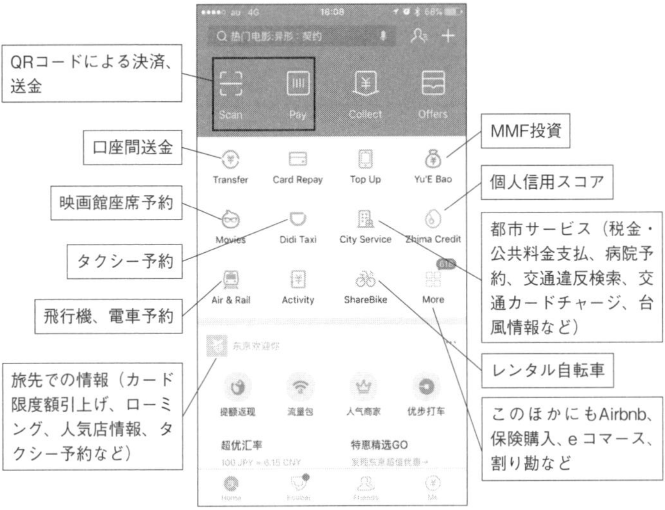

（出所）　Ant Financial資料より筆者加筆

図表19　BigTech企業の規模は世界的な金融機関を上回る（2019年

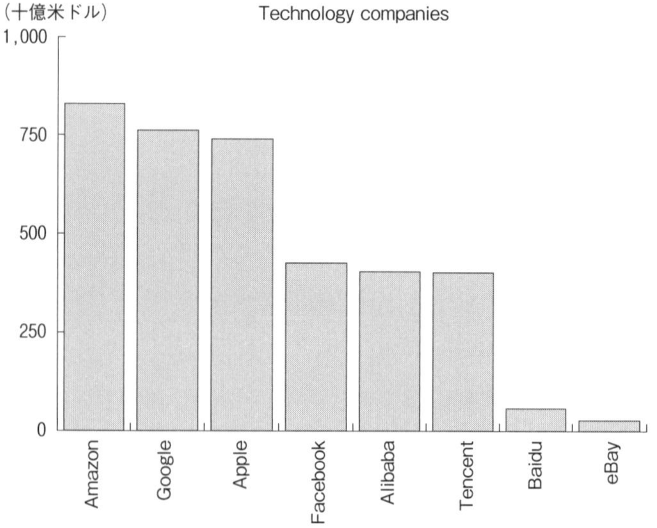

（注）　Ant＝Ant Financial；BofA＝Bank of America；CCB＝China Con-
JPM＝JPMorgan Chase；WF＝Wells Fargo.
（出所）　国際決済銀行（BIS）ワーキングペーパー“BigTech and the

融はあくまで、Alibabaが提供する広範なサービスの一部という意味で、自らの金融サービスを“FinTech”とは呼ばず、“TechFin”と呼称している。

中国では、既存の銀行サービスの普及が十分でないなか、これらのBigTech企業が顧客ネットワークなどの面で銀行をはるかに上回る規模に達していたこともあり、BigTech企業の提供するAlipay、WeChat Payが、短期間のうちに、支払決済手段として圧倒的なシェアを占めるに至っている。

これまで金融機関が対峙してきた競争相手は、より規模が小

1月18日時点の株式時価総額）

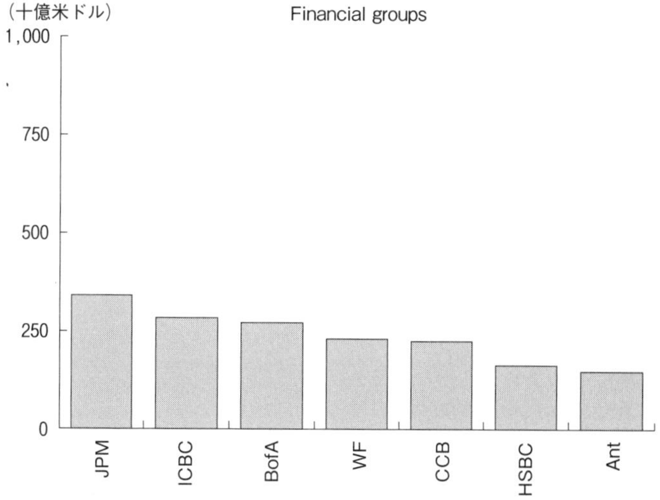

struction Bank；ICBC＝Industrial and Commercial Bank of China；

changing structure of financial Intermediation”（2019年４月）

さく、信頼・信認も確立していない主体であることが多かった。しかし、BigTech企業は、金融機関を上回る規模をもっている（図表19）。また、信認も高く、調達コストも低い先が多い（図表20）。

このようなBigTech企業の金融分野への参入は、金融サービス分野に大きな地殻変動をもたらすと同時に、既存の金融機関にとって、とりわけチャレンジングといえる[24]。

もちろん、銀行が預金の提供を核として、支払決済機能と金融仲介機能の両方を提供することによる「範囲の経済」は失わ

図表20　BigTech企業の調達コストは世界的な金融機関より低い

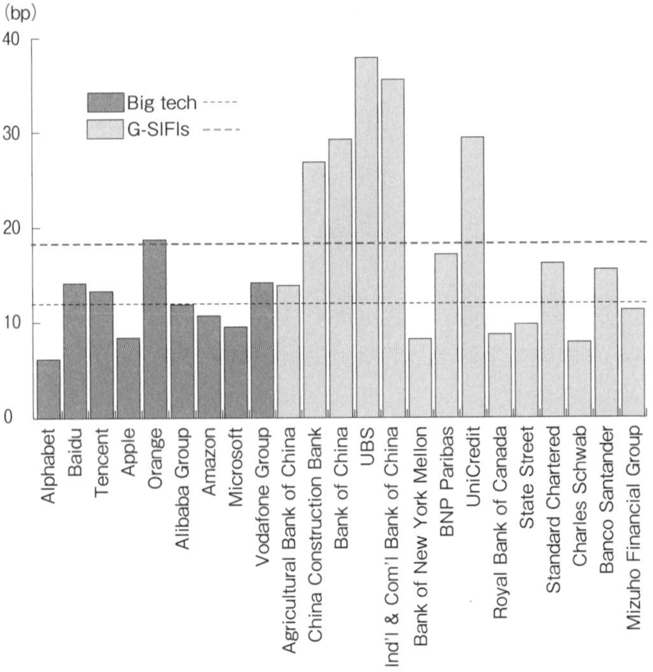

（出所）　国際決済銀行（BIS）ワーキングペーパー“BigTech and the

れていない。実際、既存の銀行（トラディショナルバンク）が、大規模なデジタル化を推し進めることで対抗を図るケースもみられている[25]。

24　この点について踏み込んで調査した報告書としては、たとえば金融安定理事会（FSB）“FinTech and market structure in financial services: Market developments and potential financial stability implications”（2019年２月）があげられる。

25　この例としては、前述のDBSや米国のJPモルガンがあげられる。

(2019年 1 月18日時点の社債の米国債利回りとのスプレッド)

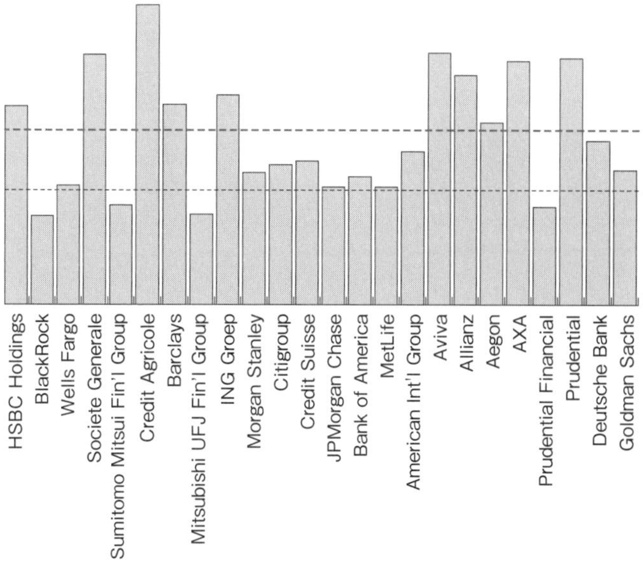

changing structure of financial Intermediation”(2019年 4 月)

その一方で、データを核とする新しい「範囲の経済」が生まれていることも事実であり、このことは、金融サービスの供給構造を一段と複雑化させている(図表21)。

以下の各章では、データ革命や経済のデジタル化、成熟化などに関連して現在重要性を高めつつある、キャッシュレスや環境問題、持続可能性、事業承継などさまざまな観点から、金融の将来—金融5.0—の展望を試みる。

図表21　新たな「範囲の経済」

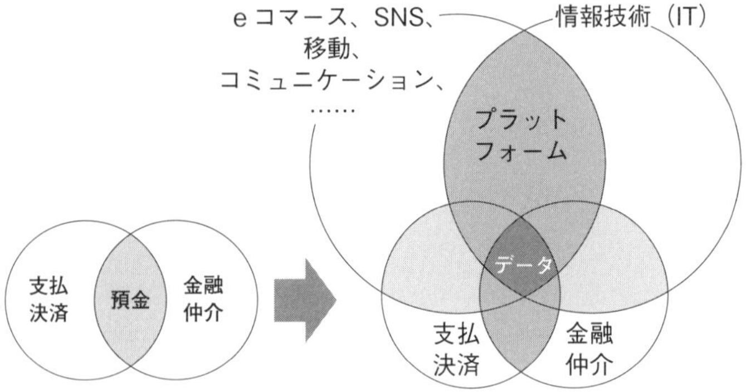

第3章

キャッシュレス化とマネーの将来

1 世界的なキャッシュレスの潮流

(1) キャッシュレスと金融包摂

デジタルゆえの金融包摂

宮崎駿監督の名作『ルパン三世カリオストロの城』のカリオストロ城は、偽札づくりの拠点であった。カリオストロ伯爵は偽札を流通させ、マネーへの信頼を失墜させることで他国の経済に混乱をもたらし、自らは富を蓄積した。では、デジタル時代のカリオストロ伯爵となりうる脅威は何だろうか。

これまでフィンテックがもたらした最大の恩恵は、グローバルな金融包摂の進展である。中国のWeChat PayやAlipay、ケニアのM-Pesaなどの急拡大が示すように、いまや世界中の人々が、スマートフォンなどのモバイル端末を経由して、支払決済サービスにアクセスできるようになっている。

これらの支払決済サービスは、すべて「キャッシュレス」である。現金へのアクセスを確保するには、銀行店舗やATMの整備など、高コストの方策が必要となり、これは新興国・途上国にとって容易ではない。フィンテックを通じた金融包摂は、キャッシュレスだからこそ可能であった。新興国・途上国は、デジタルマネーを導入することで、銀行支店やATMの設置など、物理的インフラ整備の段階を飛び越え（leapfrog）、一気に支払決済インフラを普及させることが可能となった。

(2) キャッシュレス化の背景

携帯電話・スマートフォンの爆発的普及

近年、世界的にキャッシュレス化が進行している背景には、いくつかの要因が指摘できる。代表的なものとしては、①携帯電話・スマートフォンの急速な普及、②現金のコストに対する意識の高まり、③データ活用のニーズ、があげられる。さらに、④反マネーローンダリングの監視強化も一因となっている。

このなかでも、キャッシュレス化の最大の要因は、世界的な携帯電話・スマートフォンの急速な普及である。これにより、新興国・途上国の人々も含め世界中の人々が、銀行の店舗やATMを経由しなくとも、これらのモバイル端末を通じて、キャッシュレス手段を使えるようになった。

現金のコスト

次に、現金のコスト節約という動機もあげられる。現金には、保管や搬送、警備などにさまざまなコストがかかる。さらに、銀行の店舗が現金を扱うためにハイカウンターや金庫を設置し維持するコストや、ATMの設置・維持管理にかかるコスト、店舗が現金を受け入れるために従業員を教育するコストなど、広範な関連コストが発生する[26]。

---

26 全銀協会長は2018年、現金の取扱いに係るコストとして、「約８兆円」という数値に言及している。

経済のデジタル化が進行するなかでは、このような現金関連のコストがますます強く意識されるようになっている。そして、デジタル技術を通じて、このようなコストの回避や軽減がより容易になったことも、キャッシュレス化を後押ししている。

支払決済に付随するデータの取得・利用

さらに、データ活用のニーズがあげられる。現金は、紙や金属のうえに書かれた価値以外の情報やデータをもたず、発行者（中央銀行など）も誰がどのように現金を使っているかを把握できないという意味で「匿名性」を有している。この匿名性は、プライバシー保護などには有益である一方、支払決済に付随する情報やデータ―たとえば、「誰が、いつ、どこで、何を買ったか」など―の活用はむずかしくなる。

この点、キャッシュレス手段は、価値以外のさまざまな情報

図表22　現金の匿名性とデータ

現金
―「価値」以外の情報をもたない
（⇒「匿名性」の裏返し）

キャッシュレス手段
―「誰が、いつ、どこで、何を買ったか」などの情報やデータの収集や活用にも役立ちうる

やデータを収集するツールとしても使うことができる。このような情報・データ活用面でのメリットも、キャッシュレス化を推進する動因となっている（図表22）。

また、現在、金融以外の分野―たとえばｅコマースや交通、宿泊など―でも、デジタル技術を活用したさまざまなサービスが拡大している。これらのサービスを提供していくうえで、キャッシュレス化が前提となるケースも増えている。

たとえば「シェアリングエコノミー」は、デジタル技術を用いて経済社会における遊休資源（使っていない車や部屋など）とニーズとをマッチングするサービスである。UberやLyftなど

図表23　Uberのスマホアプリ

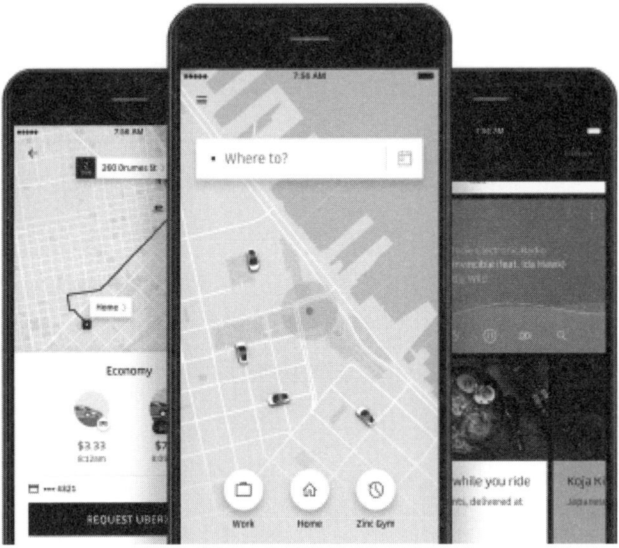

（出所）　Uber Technologies

の配車サービスは、乗れる車がどこにいて何分後に来るのかといった検索機能や、乗った後のカーナビ、そして、見ず知らずの運転者と顧客が相互に評価し合う機能など、さまざまなデジタルサービスが束になっている（図表23）。

このため、支払もキャッシュレスであることが強く要請される。車を降りたときには自動的に支払も終わっており、ドライバーは現金を扱わなくてよいというかたちでないと、サービスの効率性や利便性が著しく低下してしまうからである。

反マネーローンダリング・KYC

さらに、世界的な反マネーローンダリング（マネロン）やKYC（Know Your Customer）の監視強化の動きも、キャッシュレス化の要因となっている。

現金の「匿名性」はプライバシー保護などには寄与するが、一方でマネロンやKYC上の問題を本質的に抱えている。これまで現金の匿名性がマネロン監視の観点から問題視されることが少なかったのは、「多額・瞬時の送金などに使いにくい」という、現金の「不便さ」に由来していた面も大きかった。

しかし現在、マネロンやKYCの監視が世界的に強化されるなか[27]、現金による海外送金などが厳格にモニターされるよう

27　この問題を国際的に取り扱っているFATF（Financial Action Task Force on Money Laundering、マネーローンダリングに関する金融活動作業部会）は、2019年10月より「第４次対日審査」を行っており、日本の金融機関もマネーローンダリングやKYCへの取組みを強化している。

図表24　世界的なコルレス銀行業務の縮小

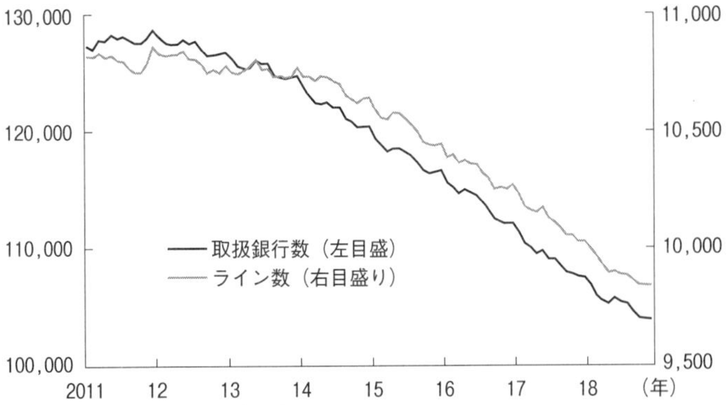

（出所）　国際決済銀行（BIS）

になり、この取扱いをやめる銀行も増えている（図表24）。

このような世界的なマネロン監視強化の動きも、キャッシュレス化に拍車をかけている。

⑶　支払決済サービスの供給構造の変化

広範な企業のキャッシュレス決済への参入

キャッシュレス手段が、「価値」以外の情報・データを媒介するツールとしても利用可能であることは、支払決済サービスの供給構造を大きく変えている。

従来、支払決済サービスは単独では採算性の確保がむずかしく、このため、銀行が金融仲介とのシナジーを通じて提供することが多かった。すなわち銀行は、預金の一部のみを準備預金として保有し、それ以外を貸出や証券投資に充てることで（部分準備）、支払決済サービスを提供するコストをまかなっていた。かねてから学界では、部分準備に伴う流動性危機を根絶するため、決済性預金を100％安全資産で裏付ける「ナローバンク」の設立が提唱されてきた。しかし、このようなナローバンクが現実には広がらなかったのも、支払決済サービスは何らかのクロス・サブシダイゼーションなしに単独では採算確保がむずかしかったことが、大きな理由であった。

しかし最近では、支払決済から得られるデータを、ｅコマースや広告など、ほかの広範なビジネスに活用することにより、ノンバンクが無料ないし安価な手数料でキャッシュレス手段を提供することが可能となっている（図表25）。

たとえば、中国のAlipayを実質的に運営するAlibabaグループはもともとはｅコマース企業、同じくWeChat Payを運営するTencent社はSNSの企業であった[28]。

これらの企業は、支払決済サービスから収益をあげることを直接の目的としておらず、支払決済手段を、データの収集・活

図表25　支払決済インフラの提供をめぐる新たな「範囲の経済」

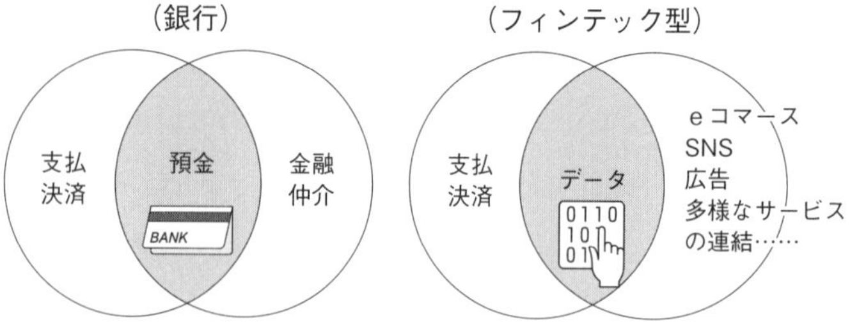

用や、広範なサービスをつなぐネットワークを構築する手段と位置づけている。また、これらBigTech企業がもつｅコマースやSNSのネットワークは、銀行のネットワークを規模でも上回っていることが多い。このことは、本質的に強いネットワーク外部性をもつ支払決済インフラを運営するうえで、大きな強みとなる。

ノンバンク企業の支払決済サービスへの参入は、金融包摂を進める原動力となった。一方で、既存の銀行にとっては、支払

図表26　ノンバンク企業の支払決済への参入

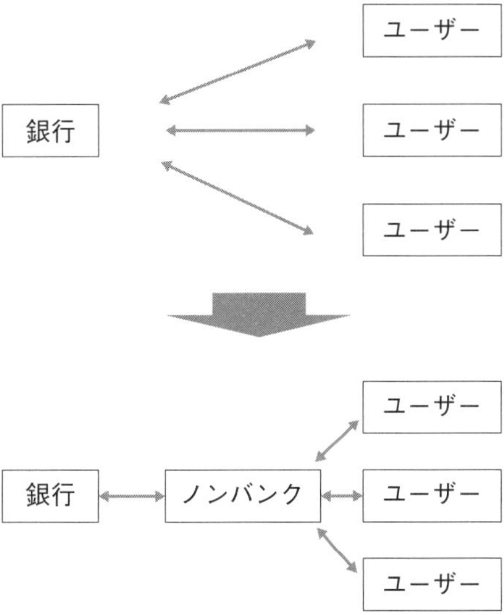

28　金融安定理事会（FSB、Financial Stability Board）もこの問題に着目し、2019年２月にはBigTech企業による支払決済分野など金融分野への参入に焦点を当てた報告書を公表している。

決済サービスをめぐる競争圧力が大きく高まっているといえる。

クレジットカードやデビットカードなど、これまでのキャッシュレス手段の多くは、銀行口座間での資金移動を伴うかたちで決済が行われてきた。しかし、ノンバンク企業が自らの債務としてキャッシュレス手段を提供することは、これらの企業が銀行とユーザーとの間に入って「ネッティング」を行うことに近い（図表26）。

このことは銀行にとっては、決済手数料などの収益源が縮小することに加え、支払決済に伴う情報やデータが、銀行ではなく、これらのノンバンク企業に集まりがちとなることを意味する。

2 日本のキャッシュレスの現状

(1) 現金大国日本

日本の現金残高は世界でも突出

日本は、現金の残高の多さ、支払に占める現金のウェイトの高さという両面からみて、きわめて「キャッシュヘビー」な国といえる。

日本の現金対GDP比率は、第二次大戦後、ほぼ一貫して８％前後で安定しており、この水準が現金の「決済需要」をある程度表していたと考えられる。しかしながら、1990年代半ば、預

図表27　現金残高対GDP比率

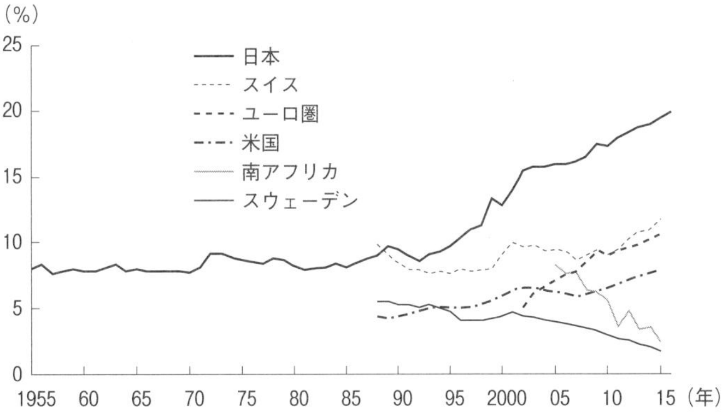

（出所）日本銀行各種資料より筆者作成

金金利が０％に近づくとともに増加に転じ、90年代後半の金融危機の際にさらに上昇した。その後もこの比率は上昇傾向を続け、現在では約20％に達している（図表27）。

この増加分は相当程度、価値保蔵手段としての現金保有―いわゆる「タンス預金」―を表しているとみられる。

現在、日本の現金対GDP比率は、国際比較でみても圧倒的に高い（たとえば、スウェーデンの同比率はわずか１％台である）。もっとも、現金残高が増加傾向をたどっているのは日本だけではない。とりわけ、2008年のリーマンショックを契機とするグローバル金融危機の頃から、米国やユーロ圏、スイスといった先進国でも現金残高は増加している。これは、金融危機対応として先進各国が金利を引き下げたため、預金金利がかなり低くなったことが寄与していると考えられる。

キャッシュレスの進行と現金残高増加の共存

また、日本における、個人消費支出に占めるキャッシュレス決済の比率は20％程度であり、これも国際比較ではドイツとともに低い（図表28）。

もっとも、時系列的にみれば、日本でもキャッシュレス比率は上昇傾向にあり、支払決済のキャッシュレス化は徐々に進展している（図表29）。

このように、現金残高の増加と支払決済のキャッシュレス化が同時に起こっているのはなぜだろうか。日本銀行の窓口から銀行券を払い出す額と受け入れる額をみてみると、グローバル

図表28　各国のキャッシュレス比率（2015年）

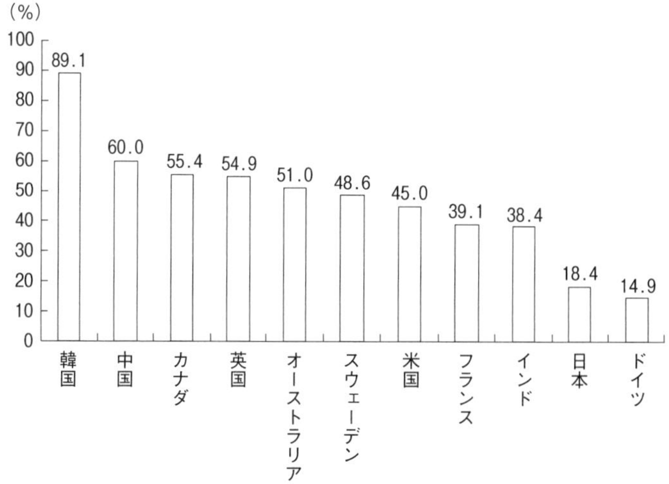

（出所）　経済産業省「キャッシュレス・ビジョン」(2018年４月)

図表29　日本のキャッシュレス支払額と民間最終消費支出に占める比率

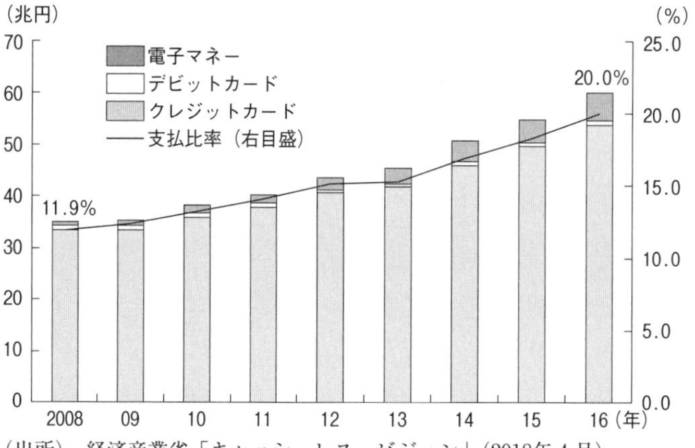

（出所）　経済産業省「キャッシュレス・ビジョン」(2018年４月)

図表30　日本銀行による銀行券の支払と受入れ

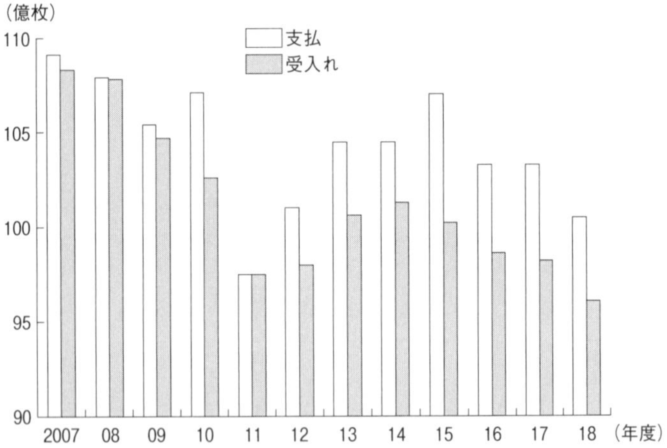

(出所)　日本銀行「銀行券および貨幣受払高等」

金融危機以降、日本銀行からの現金の払出額と受入額は、ともに減少傾向をたどっている。もっとも、両者の減り方を比べると、受入額の減少のほうが著しい（図表30）。

すなわち、いったん日本銀行の窓口から出ていった現金は、従来に比べ戻ってこなくなっている。この姿は、支払決済のキャッシュレスが徐々に進む一方で、タンス預金が増えていることと整合的である。

地域別にみると、地方に所在する日本銀行支店では銀行券の払出しのほうが多く、受入れはもっぱら都市部の支店で行われている（図表31）。

この背景としては、現金輸送における警備輸送会社の利用の増加などさまざまな要因が考えられるが、各地方における中核都市への経済活動の集中傾向が何がしか寄与している可能性もあろう。

(2) なぜキャッシュレス化のスピードに違いがあるのか

「ネットワーク外部性」とキャッシュレス化のスピード

このように、キャッシュレス化のスピードには国によってかなりの違いがみられる。その背景としては、金利水準、ATMの普及度など現金の入手のしやすさ、スマートフォンなどの普及度合い、マネロンや課税をめぐる環境、個人情報に関する国民の意識の差など、さまざまな要因が考えられる。たとえば、金利水準が低いほど、現金を保有する機会費用が低くなるため、タンス預金が増えやすいだろう。

もっとも、スウェーデンでは、グローバル金融危機後、マイナス金利政策が採用されるなかにあっても、現金の残高は減少した（図表32）。

一方で、日本やドイツのように、スマートフォンは広く普及していても、なお現金が広く使われている国々もみられる。このこともふまえると、現金を含むあらゆる支払決済手段がもつ「ネットワーク外部性」が、キャッシュレス化のスピードにも影響している可能性が高い。

支払決済手段は、「使えるネットワークが大きくなるほど、利用者一人ひとりにとっての効用も増える」というネットワーク外部性を有している。

図表31　日本銀行による銀行券の支払と受入れ（本支店別）

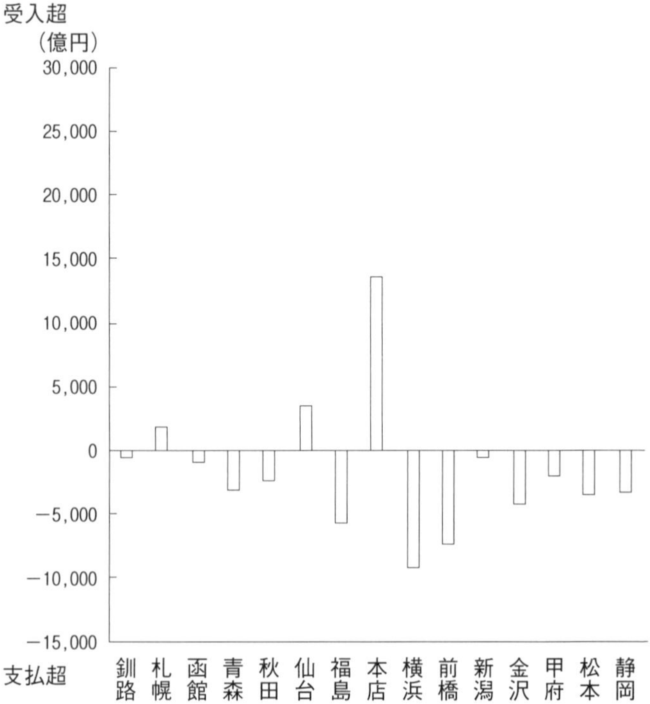

（出所）　日本銀行「日本銀行本支店別受払高」(2018年)

クレジットカードを例にとると、店側にとっては、カードをもっている人が多いほど、加盟店になるメリットは増える。一方で買い物客にとっては、加盟店が多いほど、そのクレジットカードをもつことのメリットも大きくなる。

このため、すでに現金が広く使われている国々では、そのネットワーク外部性のため、キャッシュレス化のスピードも遅く

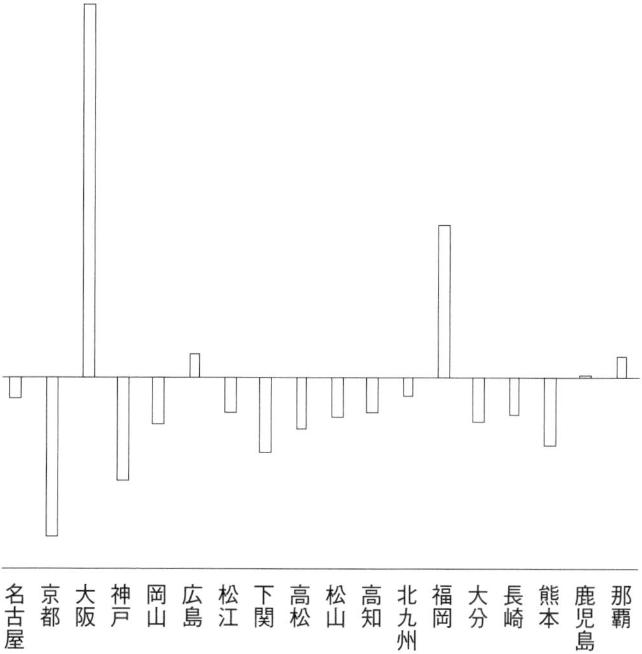

なることが考えられる。たとえば、コンビニエンスストアにとって、現金を管理するコストや、勤務を始めて間もない従業員（外国出身の方々も多い）に現金のやりとりを習得してもらうコストなどをふまえれば、現金の取扱いをやめれば、その分コストを節約できるだろう。しかし、相当数の顧客が現金を使い続けるなかで現金の取扱いをやめれば、少なくとも短期的には売

図表32　スウェーデンの現金の減少

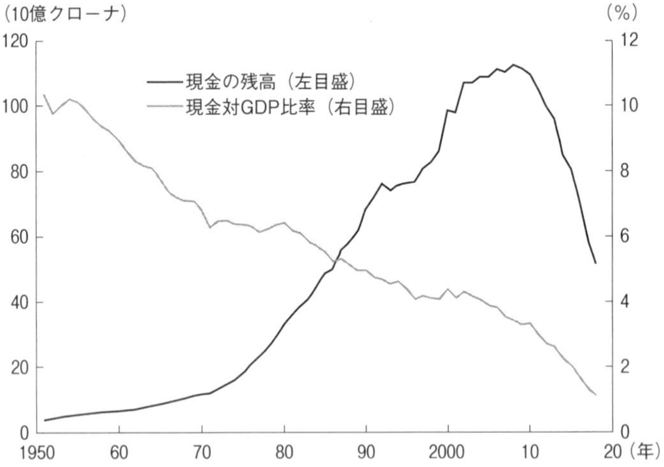

（出所）　スウェーデン中央銀行

上げの減少につながるため、その決断は簡単ではない。日本やドイツといった現金の多い国ほどキャッシュレス化のスピードも遅いことは、このようなネットワーク外部性から説明できる。

一方で、このことは「現金の利用減が一定の臨界点を超えると、一気にキャッシュレス化が進みやすい」ということにもなる。たとえば、現金の利用客が相対的に少ないほど、商店の側も「コストのかかる現金は受け入れない」と決断しやすくなる。スウェーデン中央銀行のイングベス総裁も、スウェーデンで近年、現金の減少が加速した要因として、「現金がネットワーク外部性を失いつつある可能性」をあげている（図表33）。

図表33　スウェーデンの「現金お断り」の店

(3)　手段別にみたキャッシュレス決済

日本の人々はたくさんのカードをもっている

次に、日本のキャッシュレスの現状を手段別にみていこう。

まず、キャッシュレス支払決済用のカード（クレジットカード、デビットカード、電子マネー）の保有枚数をみると、日本の人々は国際比較でみても、かなり多くのカードをもち歩いていることがわかる（図表34）。

多くの日本人の財布は、カードでふくれあがっているはずである。

これには、いくつかの要因が考えられる。まず、海外では、

図表34　日本人はカードをたくさんもっている（1人当りカード保

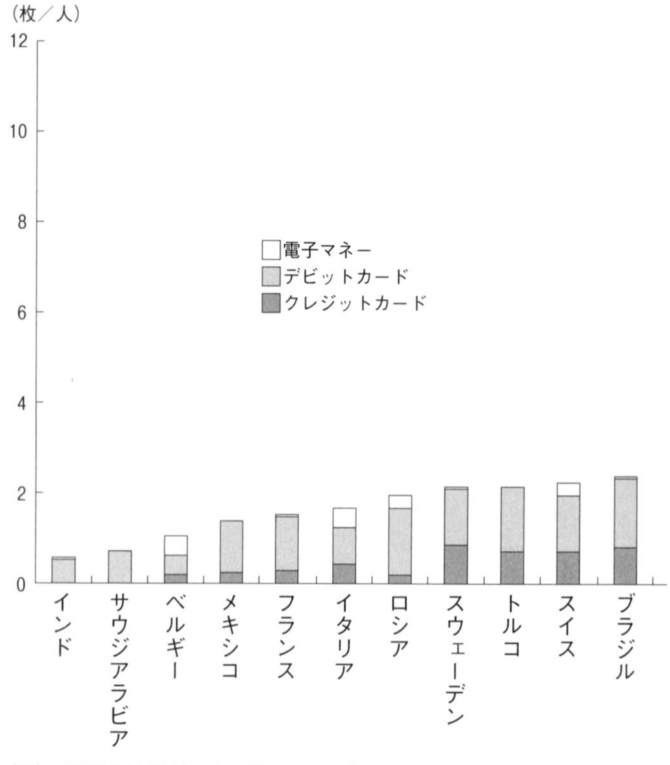

（注）　国際決済銀行による調査、2015年
（出所）　日本銀行「BIS決済統計からみた日本のリテール・大口資金決済

与信を伴うクレジットカードの発行に際し、かなり慎重な審査が行われることが多い。一方、日本ではクレジットカードのデフォルト率があまり高くないこともあり、比較的クレジットカードを入手しやすい。

有枚数）

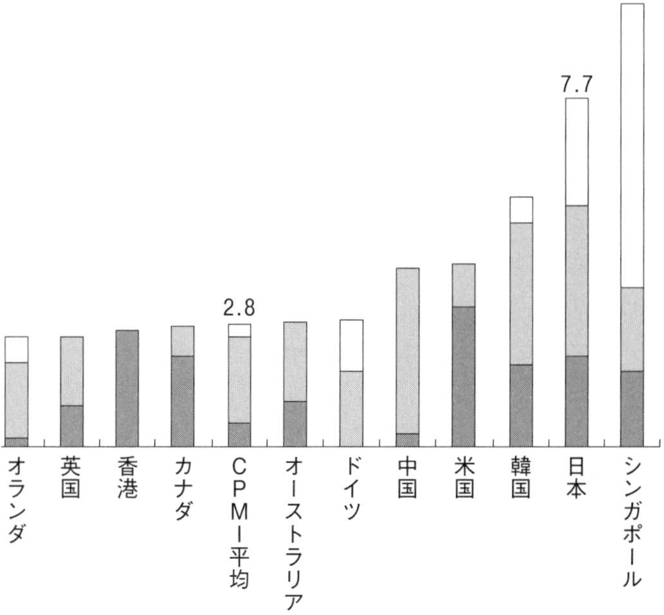

システムの特徴」（2017年２月）

また、国際決済銀行（BIS）の統計上、日本の「キャッシュカード」はすべて「デビットカード」として分類される。日本の人々は複数の銀行口座をもつことが多く、また、銀行は顧客がATMから現金を引き出せるよう、口座保有者にはほぼ自動的にキャッシュカードを発行してくれる。このため、統計上の「デビットカード」の枚数も多くなる。さらに電子マネーについても、日本では、とりわけ大都市では公共交通機関を用いて通勤・通学をする人が多いため、交通系電子カード—Suica、PASMO、ICOCAなど—が広く普及している。さらに、流通系企業の販売促進努力を反映し、流通系カードも多く発行されている。これらを反映し、電子マネーの発行枚数も多い。

あまり使われていない日本のカード

もっとも、利用額をみると、キャッシュレス決済の大半はクレジットカードが占めており、デビットカードおよび電子マネーによる決済金額は大きくない。以下、手段別にみていこう。

まずクレジットカードであるが、日本の人々は、国際比較でみても多くの枚数のクレジットカードをもっている。しかし、その利用金額は海外に比べ多いとはいえない（図表35）。

また、日本の人々はデビットカードを枚数としては多く保有しているが、支払決済にはほとんど利用していない。多くの人々は、デビットカードをもっぱら「キャッシュカード」として、ATMで現金を引き出すために利用していることがわかる（図表36）。

最後に電子マネーであるが、そもそも海外では電子マネーが普及しているケースは少なく、電子マネーは日本で顕著に発達したキャッシュレス手段といえる。

図表35　1人当りクレジットカード保有枚数と決済金額

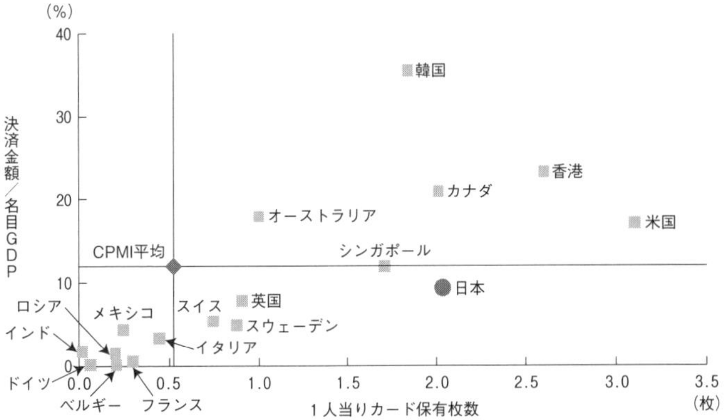

(出所)　日本銀行「BIS決済統計からみた日本のリテール・大口資金決済システムの特徴」(2017年2月)

図表36　1人当りデビットカード保有枚数と決済金額

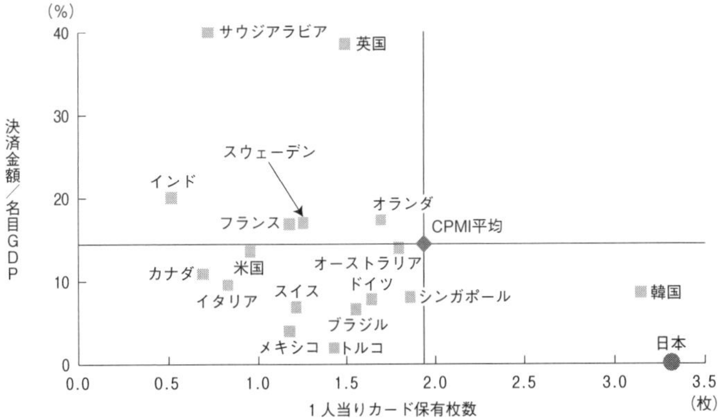

(出所)　日本銀行「BIS決済統計からみた日本のリテール・大口資金決済システムの特徴」(2017年2月)

図表37　1人当り電子マネー保有枚数と決済金額

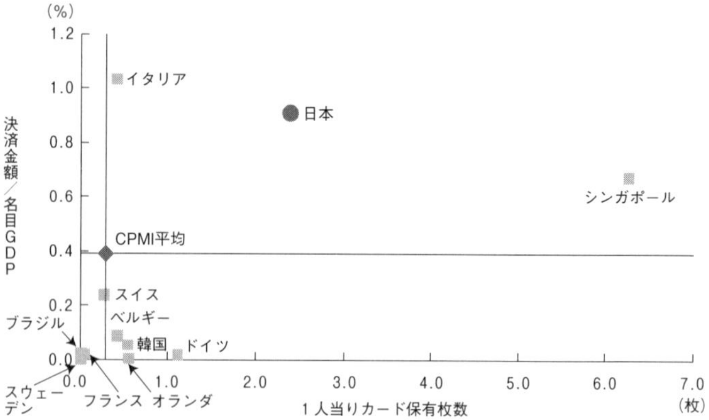

（出所）　日本銀行「BIS決済統計からみた日本のリテール・大口資金決済システムの特徴」（2017年2月）

図表38　1人当りカード枚数の内訳

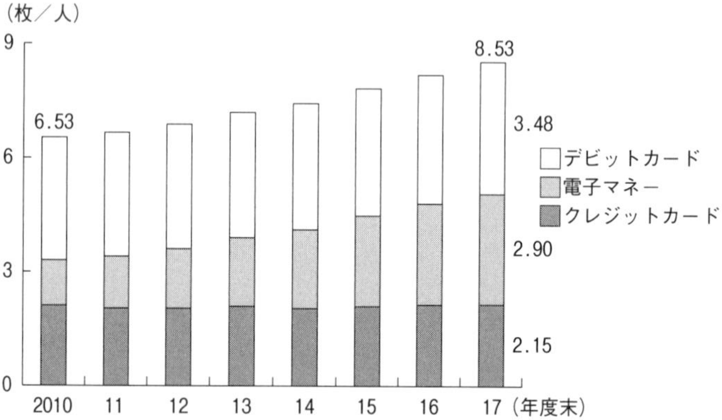

（出所）　日本銀行「キャッシュレス決済の現状」（2018年9月）

図表39　少額貨幣の減少

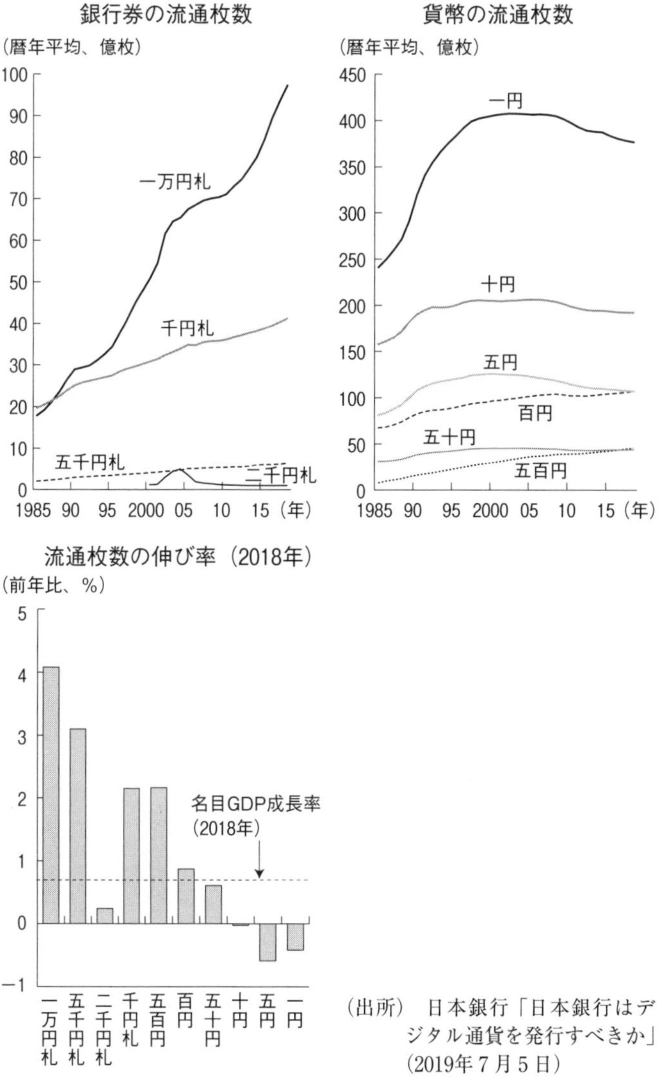

（出所）　日本銀行「日本銀行はデジタル通貨を発行すべきか」(2019年７月５日)

電子マネーは事前のチャージが必要であるが、落としたら危ないという電子マネーの特性のため、チャージ金額には上限—Suicaの場合は２万円—が設けられている。したがって、電子マネーが得意とするのは比較的少額の支払決済であり、決済金額は大きくなりにくい（図表37）。

これらのキャッシュレス手段の近年の伸びをみると、とりわけ電子マネーの増加が目立っている（図表38）。

少額を硬貨で支払う場合、お釣りの受渡しなどが煩雑となりがちである。この点、電子マネーは、少額の受渡しにはメリットの大きい決済手段であり、その増加は、少額硬貨の減少に結びついているとみられる（図表39）。

⑷　キャッシュレスの展望

キャッシュレス化を進める要因

現在、日本のキャッシュレス市場には多数のプラットフォームが濫立している（図表40）。

もっとも、いずれのプラットフォームも、現金を凌駕するには至っていない。

政府は、現在約20％にとどまっているキャッシュレス決済の個人消費支出に対する比率を、2025年までに40％へと倍増させることを目標に掲げている。

そのための方策の１つが、消費税率引上げ（2019年10月）に伴う、中小商店などでのキャッシュレス決済の利用に対する実質的な補助金の交付である。

図表40　キャッシュレス決済プラットフォームの濫立

これらの施策を背景に、消費者のキャッシュレスに対する関心も高まっていることが、“Google Trend” などからもうかがえる（図表41）。

もっとも、現在、消費者のキャッシュレス決済に対する主な関心は、「ポイント還元」や「割引」にある（図表42）。

このことを背景に、キャッシュレス決済サービスに参入している企業の多くは、先行きの規模獲得をねらって、ポイント還元や割引などの施策を競っている。

先行きのキャッシュレス化の進展度合いは、現金のネットワーク外部性の強さや現金をめぐる社会的・文化的背景など、さまざまな要因に左右されうる。しかしながら、以下の点を考えると、支払決済のキャッシュレス化は、今後も徐々に進むとみておくべきだろう。

図表41　Google Trendによる「キャッシュレス」の検索頻度

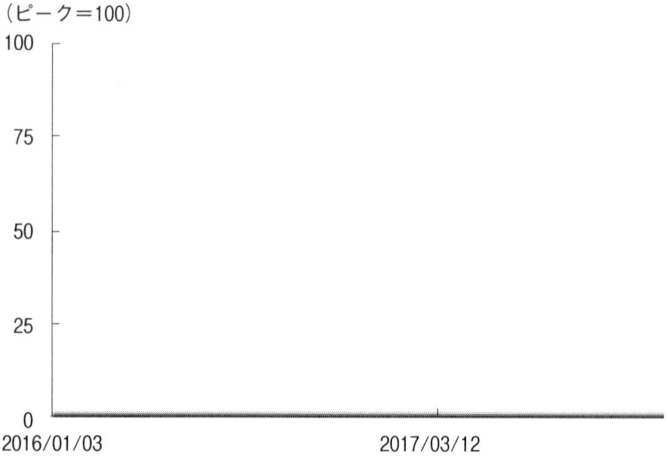

図表42　消費者のキャッシュレスへの関心

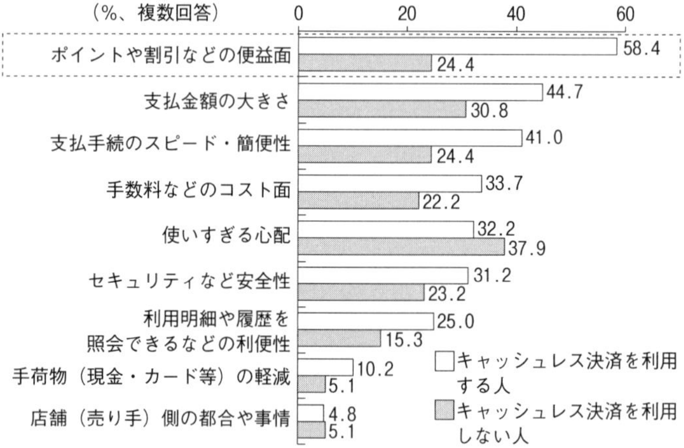

(出所)　日本銀行「生活意識に関するアンケート調査」(2018年６月調査)

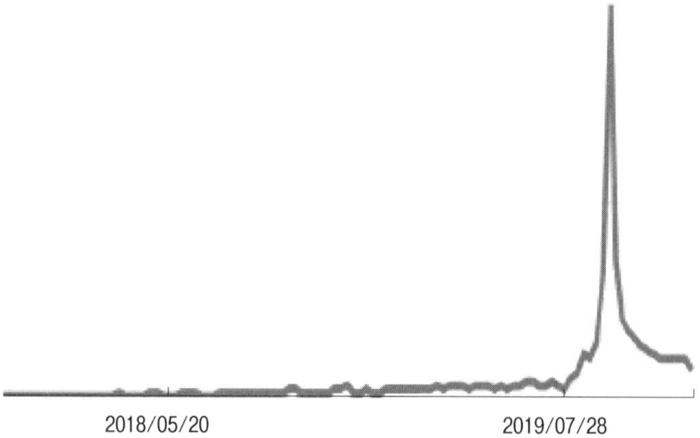

まず、現金には保管や警備、輸送などにコストがかかり、キャッシュレス化がコスト節約につながるという、キャッシュレス化の経済合理性である。

次に、データの収集・活用のニーズである。キャッシュレス化の推進が、支払決済に伴うデータの収集や活用にとっても有利となると、この面からもキャッシュレス化を進める力が働く。さらに、キャッシュレス決済と親和性が高いデジタル経済（e コマース、シェアリングエコノミー、MaaSなど）の拡大も、キャッシュレス化を後押しすると考えられる。

加えて、世界的なマネロンに対する監視強化の流れも、多額の現金の利用に歯止めをかけ、キャッシュレス化を進める方向に働きやすい。

一方で、支払決済インフラが強いネットワーク外部性をもつなか、多数のキャッシュレス決済プラットフォームが濫立したままでは、現金の牙城を崩すことはなかなかむずかしい。

この観点からは、今後、政府のキャッシュレス優遇措置の終了などに伴って、プラットフォームの合従連衡がどの程度進むのかが、キャッシュレス化のスピードを展望するうえで重要な注目点となろう。

3 マネーの変貌

(1) マネーとデータの接近

データの媒介手段としてのデジタルマネー

以下では、現在まさに進行しているマネーの変貌について考察していく。

第１章でみたように、マネーはもともと情報やデータの処理と切り離せない。一方で、情報やデータを保管し、処理するインフラとして十分な信頼と信認があれば、必ずしも紙や金属といった目にみえるモノである必然性はない。すなわち、デジタル化された媒体であっても、人々の信頼と信認があれば、マネーの役割を果たしうる。

さらに、キャッシュレス手段、すなわちデジタルマネーは、現金とは異なり、「価値」以外のさまざまな情報やデータ―たとえば、「誰が、いつ、どこで、何を買ったか」など―を媒介することも可能である。

マネーとデータの接近

このことに伴い、マネーとデータは、一段と接近しつつある。たとえば、「ポイント還元・割引」やｅコマースでの「会員割引」は、売買の際に、買い手も、売り手企業に自らの

図表43　データの売買による割引

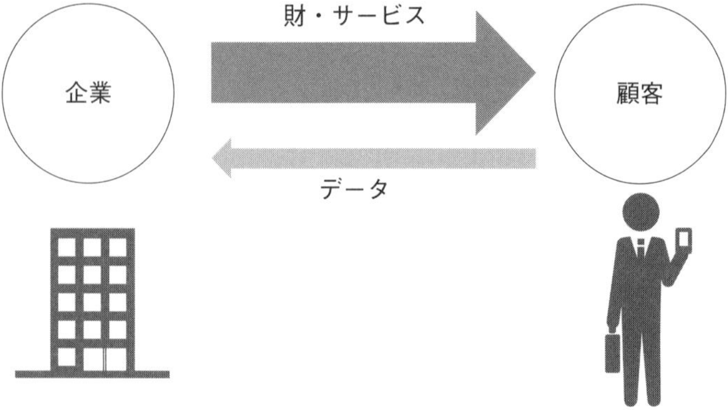

「データ」を売っており、その差引額が「割引価格」となっているととらえられる（図表43）。

さらに、「アンケートに答えてポイントを獲得し、これをネットショッピングで使う」といった行動は、消費者が自らのデータを購買力に替えているとみることもできる。

マネーがもともとデータインフラとしての性格を強くもっていることをふまえれば、情報技術の進歩に伴い、マネーとデータは今後、さらに接近していくだろう。このなかで、デジタルマネーに対し、より多くのデータを媒介することを求めるビジネス側のニーズと、個人のプライバシー保護の要請をいかに両立させるかが、今後一段と重要な課題になっていく。

(2) マネーローンダリングへの国際的監視の強まり

「お金に色はない」世界からの転換

「マネーとデータの接近」の、いわばコインの表裏の関係にある問題が、近年国際的に関心の高まっている、反マネーローンダリング（AML）の規制強化である。

現金の匿名性から派生するかたちで、しばしば「お金には色はない」ともいわれてきた。たとえば、劇画『ゴルゴ13』の主人公である暗殺者の代表的な台詞は、「依頼料はスイス銀行の俺の口座に振り込んでくれ」である。「お金には色はないので、送金からは違法な暗殺依頼とはわからない」という認識が、その前提となっている。

しかしいまや、デジタル化されたマネーは、価値以外のさまざまな情報やデータを伴うようになっている。さらに、デジタル技術の発達により、送金に付随する情報やデータを使って、送金の背景にある活動を推測することが、ある程度できるようになってきている。BigTech企業が、個々の顧客のｅコマースやSNSの使用履歴や位置情報などからその人の性格や行動などを割り出すのと、金融機関が個々の送金依頼者の送金頻度や金額などから送金の背景などを割り出すのは、非常によく似ている（図表44）。

このように、反マネロン規制は、デジタル技術により「お金のやりとりに色を付ける」とか、「お金のやりとりの背景をプ

図表44　ビッグデータ分析と反マネロン対策の類似性

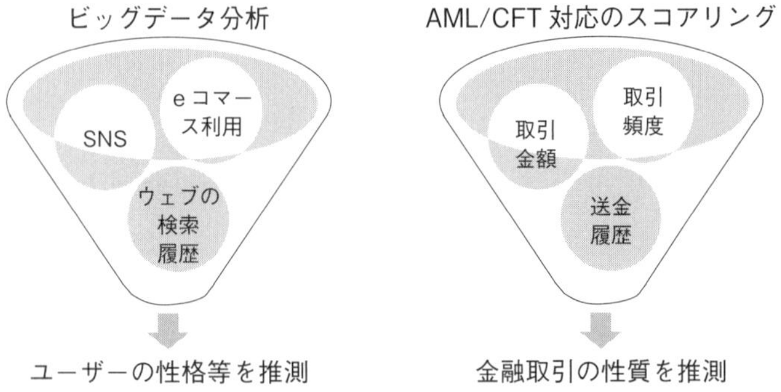

図表45　反マネロンと金融規制の変化

	マネロン・テロ規制以前	マネロン・テロ規制以後
マネーのとらえ方	「お金には色はない」	マネーが付随する情報を活用
規制の目的	経済的ゴール（金融経済の安定、預金者保護等）	犯罪抑止等も含め多様化（相互調整も必要に）
規制の性格	国別・業種別の残存	国際的整合性・業種横断性が実効性の前提
コンプライアンス	特定数値達成を求めるものが大きなウェイト	リスクベース、ベストプラクティスの重要性が増加
RegTech/SupTech	マニュアル対応が発端	デジタル技術活用が前提

ロファイリングする」ことがある程度可能になったことを背景とする、新しい金融規制領域である。実際、米国で初めて「マネーローンダリング規制法」がつくられたのは1986年、FATFの設立は1989年であり、規制の歴史は30年程度しかない。すなわち、デジタル技術は、一方でキャッシュレス化を進め、もう一方でマネロン規制を進めたともいえる。

マネロン規制のもと、マネーは、金融システムの安定といった目的を超えて、犯罪抑止といった刑事法的な観点からも、その動きがモニタリングの対象になっている（図表45）。

テロや麻薬取引、密輸、暗殺などは、それ自体はもちろん違法行為であるが、その背景にある金融取引の側に規制監督の網をかけるという発想は、従来は前面には出ていなかった。今日、海外の不特定の主体から巨額の資金が振り込まれてくる個人口座は直ちに当局に監視されるだろうから、『ゴルゴ13』の暗殺活動も、いまやマネロン規制から足がつく可能性が高い[29]。

反マネロンの重要性の高まり

暗号資産の規制監督をめぐっても、議論の中心は、これまでの投資家保護から、徐々に反マネーローンダリングの問題に焦点が当たりつつある。2009年に登場したビットコインなどの暗号資産の元来の発想は、「現金類似の匿名性を備えたデジタルマネーの実現」にあった。

29　もっとも、『ゴルゴ13』の連載はいまから約50年前であるから、主人公が「マネロン」という言葉を知らなかったのも当然といえる。

したがって、暗号資産に対しマネロン規制をどのように課すかは大きな論点となる。もっとも、これまで暗号資産をめぐっては、マネロン規制よりも、むしろ消費者・投資家保護が議論の中心となってきた。これは、後述するように、暗号資産の価値変動が激しすぎて支払決済にはほとんど使われず、もっぱら投機の対象であったためである。

しかし、後述する「リブラ」のような次世代型暗号資産の登場は、暗号資産をめぐる規制監督の議論も大きく変えつつある。暗号資産の価値が安定し、本当に支払決済に広く使われうるならば、その規制監督の議論でも、投資家保護よりもマネロン対応の問題が中心とならざるをえない。

効率性と犯罪抑止・マネロン対応をいかに両立させるか

マネロンの問題は、今後のマネーのあり方を考えるうえでも、重要な論点を提起している。未来のデジタルマネーの姿を展望する場合、支払決済の効率性やプライバシーと、犯罪抑止や反マネロンの要請とを、技術の活用を通じて両立させられるかどうかが、マネーの進化を大きく左右するだろう。

現金が、その匿名性にもかかわらず、従来マネロンの問題が問われることが少なかったのは、現金が多額の送金などを行ううえでは不便であったことにもよる。いまやデジタル技術の発達により、多額の支払や送金が国境を越えて瞬時に行えるようになったことは、経済に大きなメリットをもたらしうる。その一方で、同様にデジタル技術が先導したマネロン規制の負担が、デジタル化のメリットを相殺してしまっては意味がない。

実際、技術進歩に伴い、マネロン規制のコンプライアンスコストもますます大きくなっている。密輸やテロなどの違法行為を、金融面からの「リスクベース・アプローチ」で百発百中で見抜くことはむずかしいし、規制遵守が直ちに収益に結びつくわけではない。一方で、対応を怠れば巨額の制裁金が科されうるなど、被規制側の負担感は大きくなりやすい。このことも一因となり、近年、銀行が送金業務から撤退する動きが目立っており、銀行のコルレス業務のネットワークは、過去7年間のうちに全世界で20％も縮小している。とりわけ、中南米やアフリカなど、新興国・途上国からの撤退が目立っており、これらの国々の不満につながっている。また、業務撤退に至らなくとも、規制対応のコストは海外送金などのコストに反映されることになる。これらの問題は、後述するリブラ登場の1つの背景にもなっている。

このなかで、マネロン規制の実効性を確保しつつ、デジタル技術を支払決済のイノベーションにつなげていくためには、デジタル技術を規制監督のコンプライアンスにも活用していくことが求められる。具体的には、各種の情報・データの分析におけるAIの活用や、企業間の協力によるデータベースの構築、規制情報の収集などが鍵となろう。また当局の側でも、新しい技術を活用し規制のコンプライアンス負担を引き下げる「レグテック（RegTech）」や「サプテック（SupTech）」に取り組んでいくことが求められる。

⑶ 「リブラ」の衝撃

暗号資産は支払決済に使われてこなかった

2019年６月にフェイスブックが、2020年内に発行する計画があることを明らかにした「リブラ（Libra）」は、マネーの将来にとっても大きなインパクトをもたらした。

前述したように、2009年のビットコイン誕生後に登場した多くの暗号資産（仮想通貨）は、支払決済の手段としてはほとんど使われず、もっぱら投機の対象となった。このため、G20やG７、国際決済銀行（BIS）、金融安定理事会（FSB）などでの国際的な議論も、暗号資産の支払決済手段としての側面よりも、消費者・投資家保護の問題が議論の中心となってきた。

これまでの暗号資産が支払決済に使われなかったことには、いくつかの理由がある。

まず、支払決済手段にとっては、価値が安定していることがきわめて重要となる（誰も、明日価値が上がると思われるものを支払に使いたくないし、価値が下がると思われるものを受け取りたくはない）。この点、これまでの暗号資産は価値変動が激しすぎた（図表46）。

また、暗号資産は、支払決済手段にとって不可欠な信頼や信認を築くコストの面でも、課題を抱えていた。中央銀行の信認は、近代国家の枠組みのもと、独立性を担保する法制や税制、物価安定のトラックレコードなど、多くの要素に支えられている。中央銀行は、これらによってすでに確立ずみの信認を使う

図表46　暗号資産（仮想通貨）のボラティリティ

ビットコインの価格変動と歴史上のバブルとの比較（価格ピーク時の３年前＝１）

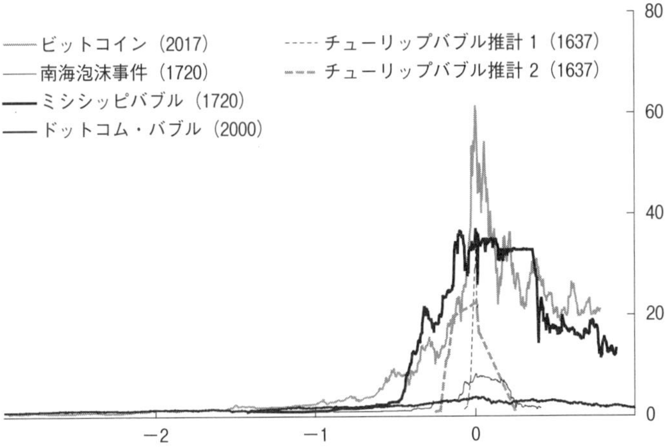

（出所）　金融安定理事会（FSB）

ことで、マネーを自らの債務として、ほぼ限界コストなしに発行できる。これに対し、暗号資産は信頼をゼロから築く必要があり、そのために、取引認証（マイニング）に要する大量の電力などのコストがかかる。したがって、暗号資産が、国家の枠組みに基づく通貨―ソブリン通貨―に勝つことは、中央銀行の信認が失墜した高インフレ国でもない限り、コスト面からも容易ではなかった。

さらに、支払決済手段にとって重要な「ネットワーク外部性」の観点からも、これまで発行された暗号資産は、いずれも支払決済手段として十分な規模をもつには至らなかった。

リブラの構想

「リブラ」は、このような、従来の暗号資産が抱えていた課題を乗り越えようとしたものといえる。

リブラ発行の目的として、リブラの発行体となる予定のリブラ協会では、「近年の情報技術進歩の恩恵が金融にはなお十分に行き渡っておらず、相対的に貧しい人々が引き続き高い送金手数料の支払などを余儀なくされている」と述べている。そのうえで、リブラ発行を通じて、銀行口座をもてない人々も含め、世界中の人々に「シンプルなグローバル通貨」を提供していくと宣言している。

ビットコインなどの暗号資産は裏付資産をもたない。これに対し、リブラは、信認ある複数の通貨建ての安全資産（短期国債や銀行預金など）を100％裏付けとすることで価値の安定を図っている。すなわち、価値の安定した「ステーブルコイン」とすることが計画されている（図表47）。

このように、安全資産を100％裏付けとして支払決済手段を発行するスキームは、経済理論的には「ナローバンク」に近い。複数通貨建ての資産を裏付けとするリブラは、いわば「グローバル・ナローバンク」ととらえられる。

また、「信頼を構築するコスト」という観点からみると、リブラは、すでに信頼の確立されている通貨の信頼を利用することで、信頼の補強を図るものとみることができる。

さらに、フェイスブックという、米国のGAFAの一角を占める巨大企業のネットワークを通じて、リブラは、支払決済イン

図表47　リブラの構造

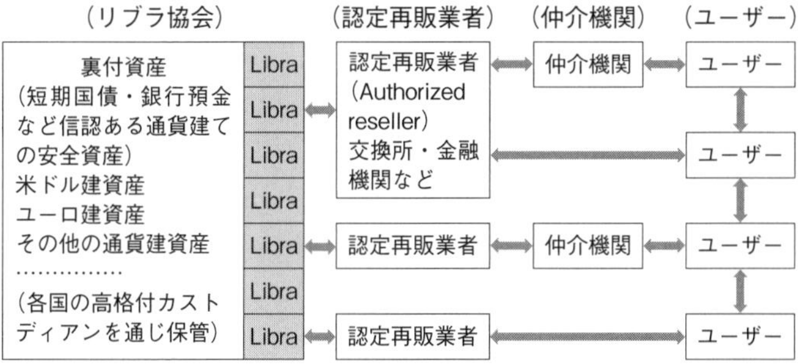

フラにとって重要な「規模」も獲得できる可能性がある。全世界で20億人を超えるフェイスブックユーザーの一部がリブラを使うだけでも、相当な規模に達しうるからである。

このようにリブラは、従来の暗号資産が抱えていた価値変動や規模などの課題の克服を図ったことで、本当に広く使われる暗号資産になるかもしれないと、世界の注目を集めているのである。

「国家の枠を超えるマネー」への当局の警戒感

一方、各国の金融当局からみれば、リブラの登場は、「国家を超えるマネー」という、ビットコイン登場（2009年）後、10年間向き合わずにすんできた問題に対峙せざるをえなくなったことを意味する。リブラに関するＧ７の作業部会のクーレ議長（当時は欧州中央銀行ボードメンバー）は、リブラの登場を「当局へのウェイクアップコール」と呼んでいる。

リブラに対し、各国の金融規制監督当局の対応は総じて警戒的である。リブラが、近代以降の「国家の枠組みに基づくマネー」にチャレンジしうることをふまえれば、このような当局の反応は当然といえよう。

米国当局からみると、米ドルのIMFのSDR（特別引出権）上のウェイトは4割強だが、各国の外貨準備に占める米ドルの比率は6割強であり、外為取引の8割以上が米ドルを取引対象としている。フェイスブックは米国の議会証言において、リブラの裏付資産の約半分が米ドル建てになるだろうと述べた。それでも、米国議会や当局の実感としては、基軸通貨としての米ドルの地位低下を懸念させるに十分なものといえる（図表48）。

また、1999年以降、ユーロの国際通貨としてのプレゼンス向上に努めてきた欧州からみれば、裏付資産の半分は米ドル、残

図表48　主要通貨のプレゼンス

（単位：%）

	IMF・SDR	外為取引（注1）	外貨準備（注2）	リブラ
米ドル	41.73	88.3	61.63	約50
ユーロ	30.93	32.3	20.35	?
人民元	10.92	4.3	1.97	0
円	8.33	16.8	5.41	?
英ポンド	8.09	12.8	4.43	?

（注1）　国際決済銀行（BIS）調べ（データは2019年4月）。
なお、取引の片側が当該通貨であればカウントされるため、合計値は200となる。
（注2）　国際通貨基金（IMF）調べ（データは2019年第2四半期）。

りを他の通貨でといわれれば、リブラは欧州通貨を過小評価しているとして、やはり受け入れがたいだろう。

この間、人民元国際化に国策として取り組んできている中国は、人民元のクロスボーダー決済システムを2015年に構築し、2018年からはその24時間稼動も導入した。加えて、悲願であった人民元のSDR入りも2016年に実現した（ウェイトは10.92%）。こうしたなか、フェイスブックが「リブラの裏付資産に人民元を入れない」と明言したことは、到底受け入れられないだろう。

また、リブラは、とりわけ新興国・途上国の貧しい人々などに恩恵をもたらすことが想定されている。しかしながら、これらの国々の当局は、リブラへの資金流出（リブラ化）をおおいに警戒すると予想される。先進国通貨建ての資産のみを裏付けにするリブラの拡大は、間接的に新興国・途上国通貨から先進国通貨への資金流出につながるからである。

リブラと金融システム

各国当局は、リブラが金融システムや金融政策、さらには通貨制度に及ぼしうる影響についても懸念を表明している。

リブラが現実に発行されるとすれば、フェイスブックのアプリなどを通じて、1年365日、1日24時間、いつでも購入可能なものとなるだろう。さもないと、そもそもリブラを導入する意義は乏しいからである。

したがって、仮に個別の銀行や金融システムに不安が生じた場合、銀行預金から資金をリブラに逃避させる「リブラ化」は、従来の「取付け」よりも急激に起こる可能性がある（このような取付けは、“Digital Bank Run” と呼ばれる）。そうなると、流動性危機が加速されうる。

また、外為取引を規制することはある程度可能でも、インターネットやアプリ経由でのリブラの購入をとめることはむずかしいだろう。したがって、一国の政策そのものへの信認が低下してしまうと、資本規制によって資金逃避に歯止めをかけることもむずかしくなる。

もっとも、金融システムや政策への信認低下自体はリブラの責任とはいえない。また、リブラの有無にかかわらず、外貨や、より健全な銀行の預金への資金シフトは常に起こりうる。さらに、資本規制は、政策の信認低下の悪影響を免れようとする人々の「逃げ道」をふさぐものであり、当局としては極力避けるべき手段である。リブラはあくまで資金シフトのスピードを速めるものであり、リブラの有無にかかわらず、各国当局は常に政策や金融システムの信認確保に努めるべきであることはいうまでもない。

リブラと金融政策

リブラは、とりわけ自国通貨への信認が十分でない国々の当局にとって脅威となりやすい。人々が自国通貨の代わりにリブラを使い始めてしまうと、その国の金融政策の有効性が低下することは避けがたい。これは理論的には、「国内で外貨が流通する場合」と同様の問題といえる。

一方、自国通貨への信認が十分な国々の当局は、リブラを過度に恐れる必要はないと考えられる。そもそもリブラは、信認ある通貨建ての資産を裏付けとすることで、信認の確保を図っている。

したがって、リブラの信認が、リブラの裏付資産を構成する通貨の信認よりも高くなることは考えにくい。また、リブラ建てでの納税や企業会計の作成ができない以上、高信認通貨までリブラに席巻される可能性は低いだろう。この面では、リブラは、「金融のデジタル化やボーダーレス化が進むもとで、各国当局は従来にも増して、政策の信認確保に努めなければならない」という、当たり前の事実を突きつけるものといえる。

図表49　リブラ協会の構成（創設メンバー）

支払決済	~~Mastercard~~, ~~Mercado Pago~~, ~~PayPal~~, PayU, ~~Stripe~~, ~~Visa~~
テクノロジー&マーケットプレイス	~~Booking Holdings~~, ~~eBay~~, Facebook/Calibra, Farfetch, Lyft, Spotify, Uber Technologies
電気通信	Iliad, Vodafone Group
ブロックチェーン	Anchorage, BisonTrails, Coinbase, Xapo
ベンチャーキャピタル	Andreessen Horowitz, Breakthrough Initiatives, Ribbit Capital, Thrive Capital, Union Square Ventures
非営利・多国間組織学術機関	Creative Destruction Lab, Kiva, Mercy Corps, Women's World Banking

（注）二重線で消してあるものは、リブラ協会から脱退を表明した企業。

もっとも、巨大な規模となりうるリブラが、リブラ協会という私的団体により運営されることは、先進国の当局にとっても懸念材料となる（図表49）。

リブラ協会がリブラの裏付資産の構成比率を変えたり、そうしたルーマーが流れるだけで、為替レートの変動要因になりうるからである。

リブラと通貨制度

現在でも、自国通貨の信認が低下した国々や小国では、自国通貨の発行を諦め、外貨（米ドルなど）を法定通貨とするケースがみられる。

リブラが現実に発行され、相当な規模を占めるに至った場合、信認の低い通貨は、これまで以上に存続がむずかしくなっていくことが予想される。なかには、自国通貨の発行を諦め、リブラの法定通貨化に踏み切る国が出てくるかもしれない。このようなプロセスを通じて、グローバルな通貨システムは、十分な信認を備えたいくつかの通貨と、これらの実質的な「バスケット通貨」に再構築されていく可能性すら考えられないわけではない。

リブラへの当局の対応

前述のような数多くの論点もあり、各国当局はリブラに対し当然ながら警戒的である。もっとも、もともと裏付資産自体をもっていない暗号資産や、「匿名性」をアピールしている暗号資産がすでに数多く存在しているなか、リブラを明示的に禁止することはむずかしい。仮にそんなことをすれば、他の暗号資産も含めた暗号資産市場全体を潰してしまうか、暗号資産の間で規制の不整合が生じうる（「この暗号資産は危ないけれども、規模が小さいから見のがしておく」というわけにもいかない）。また、リブラをとめたところで、類似のステーブルコインは今後も登場するだろう。

現在、G20や金融安定理事会（FSB）は、リブラのような広く使われる可能性のあるステーブルコインを「グローバル・ステーブルコイン（GSC）」と定義している。そのうえで、GSCの発行を禁止することはしないが、反マネロン対策などについて、高い規制水準をクリアするよう求めている。

フェイスブックや、フェイスブックのCEOザッカーバーグ氏も、米国議会での証言において、予定されていた2020年前半の発行にはこだわらず、当局の示した条件のクリアに努める姿勢を示している。そのうえで、デジタル決済のインフラ整備に米国が主導的に取り組まなければ、他国がこの分野で主導権を握るだろうと、警鐘を発している。

リブラの定義をめぐる問題

このように、リブラが当初想定されたようなかたちで早期に実現する可能性は低くなっている。しかしながらリブラは、今後のマネーのあり方を考えるうえで、重要なインプリケーションをもっている。

まず、これからのマネーは、従来のさまざまな金融資産の定義に当てはまらない領域で生まれてくる可能性がある。

リブラは「暗号資産」なのか、「銀行預金」なのか、それとも「投資信託の受益権」なのかを考えてみよう。日本の「資金決済に関する法律」では、ソブリン通貨建てのものは暗号資産にはならない。そうなると、実質的に「複数のソブリン通貨のバスケット」と価値が連動すると見込まれるリブラを、日本法のもとで暗号資産に定義すべきかどうか自体、難問となる。

また、リブラ協会がリブラを発行する一方で資金を預かり、同時にリブラをソブリン通貨と交換する義務も負うのであれば、リブラ協会は銀行に近い主体であり、リブラは預金類似の資産とみることもできる。この場合、リブラ協会は銀行同様の規制監督（自己資本規制など）を受けるべきとの議論にもつながる。

この間、リブラを「安全資産で構成される投資信託の受益権」に近いものととらえることも可能である。少なくとも経済理論的には、「投資信託の受益権」によって支払決済を行うことは不可能ではない。

このように、リブラは、預金、投資信託、暗号資産の境界域にある新たな資産ととらえることも可能である。前述のように、マネーが機能するうえでは、①情報やデータの保管や処理のインフラとして、十分な信頼や信認を有していること、②価値が安定していること、③一定以上のネットワークや規模を有していること、などがあげられる。逆にいえば、これらの条件を満たすものが、必ずしも既存の金融資産の枠組みに当てはまるとは限らない。技術進歩に伴い、今後、従来の定義には当てはまらないマネーが登場する可能性も想定しておく必要があるだろう。

また、「デジタル技術革新の恩恵が金融に十分及んでいない」というリブラの問題提起は、既存の金融機関や当局も無視できない。前述のとおり、近年、反マネーローンダリングの規制負担などを背景に、海外送金から撤退する銀行は増加している。「デジタル技術革新は本来、世界中の貧しい人々向けも含め、支払決済や送金サービスを向上させるはずではなかったのか」「リブラがその役割を担わないとすれば、誰が担うのか」という問いに、関係者がいかに応えていくかが課題となる。

リブラの投じた問題は、単にリブラ自体の是非にとどまらない。技術革新をマネーや金融の進化につなげていくにはどうすればよいのかという、幅広い視野からとらえるべき問題なのである。

(4) 中央銀行デジタル通貨 (CBDC、Central Bank Digital Currency)

中央銀行デジタル通貨発行論の背景

リブラが問題提起したように、ブロックチェーンなどの新しい技術を活用しながら、相対的に貧しい人々向けも含め、支払決済や送金サービスへのアクセスを推進していくことは、基本的には歓迎されるべきものといえる。

そして、このような取組みが民間ベースで行われることが問題を生むならば、「中央銀行自身が新しい技術を応用し、中央銀行マネーのイノベーションを進めるべきではないか」との主張にもつながってくる。このような問題意識が、中央銀行デジタル通貨発行論に結びついている（図表50）。

国際通貨基金（IMF）のラガルド専務理事（当時）など国際機関幹部は、銀行口座をもたない人々も、スマートフォンなどを通じて中央銀行デジタル通貨に直接アクセスできるようになれば、金融包摂が推進される可能性があると言及している。

また、現在、スウェーデンなど一部の国々では現金の減少が目立っている。このなかで、スウェーデン中央銀行のイングベス総裁は、人々に信用リスクのない支払手段を提供するという、中央銀行としての責務を果たす観点からも、デジタル通貨発行の是非を検討していくと述べている。

図表50　中央銀行マネーとデジタル通貨

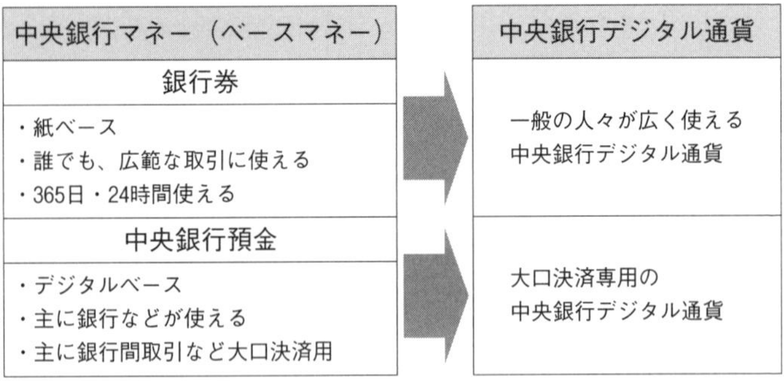

（出所）　柳川範之・山岡浩巳「情報技術革新・データ革命と中央銀行デジタル通貨」（2019年２月）をもとに加筆

さらに、スウェーデン中央銀行やIMFは、民間主導のキャッシュレス化に伴い、私企業による支払決済市場の寡占化が進むリスクも指摘している。そのうえで、これに伴う弊害を抑制する観点からも、中央銀行デジタル通貨は検討に値すると付け加えている。

加えて、ブロックチェーンなど新技術の応用により、現金類似の匿名性をもつデジタル通貨がつくれるのではないか、また、中央銀行がデジタル通貨を発行すれば、少なくとも「現金は不便だから暗号資産をもっておこう」といった動機からの暗号資産への投機は抑制できるのではないかとの主張も、中央銀行デジタル通貨の取組みを後押ししている。

もっとも、前述のような「匿名性確保」とは逆に、現金が脱税やマネロンなどに用いられやすいことを問題視する立場から

図表51　デジタル通貨発行を検討している中央銀行の例

スウェーデン中央銀行 デジタル通貨“e-Krona”発行の是非について具体的な検討を進めており、これまで2回にわたり報告書を公表。
ウルグアイ中央銀行 2017年11月から2018年4月まで、1万人のユーザーに対し、デジタル通貨“e-Peso”を2,000万ペソ（約7,000万円）分、試験的に発行。
中国人民銀行 2016年1月にデジタル通貨発行計画があることを表明。 その目的の1つに「脱税の防止」もあげている。

（出所）　柳川範之・山岡浩巳「情報技術革新・データ革命と中央銀行デジタル通貨」(2019年2月)

は、高額の支払決済を現金から中央銀行デジタル通貨にシフトさせることで、これらへの対策を強化できるとの主張もある。

日本銀行など多くの中央銀行は、現時点では現金代わりに広く使えるようなデジタル通貨を発行する予定はないと述べている。しかし、前述のスウェーデンに加え、ウルグアイや中国、カンボジアなどでも、デジタル通貨発行に関する具体的な検討や試験的発行などがすでに進められている（図表51）。

なお、中国人民銀行は、デジタル通貨発行を検討する目的の1つに「脱税の防止」をあげていることが特徴である。

中央銀行デジタル通貨のインプリケーション

中央銀行デジタル通貨は、銀行の資金仲介や流動性危機への影響、金融政策の有効性への影響などに加え、将来のマネーや決済・金融システムのあり方論にも大きなインプリケーションをもつ。

前述のとおり、近代以降の金融システム―すなわち金融3.0体制―のもとで、銀行は部分準備と期間変換を通じて、支払決済サービスと信用仲介サービスの両方を提供してきた。もっとも、このことは時に流動性危機の引き金となり、預金保険や中央銀行の「最後の貸し手」機能が必要とされる原因にもなってきた。

この点、学界では、中央銀行デジタル通貨が預金を代替していけば、銀行が期間変換を行う余地がなくなり、預金保険や「最後の貸し手」機能も不要になるとの主張がある。これも、学界で主張されてきた「ナローバンク論」に近い。

しかし、中央銀行デジタル通貨による預金の代替が進めば、銀行の資金仲介は縮小し、中央銀行のバランスシートは拡大する。中央銀行は民間のプロジェクトのリスク・リターンの判断において優位にはないため、中央銀行のバランスシートの拡大は、経済の資源配分をゆがめるおそれがある。

また、中央銀行デジタル通貨が預金と引き換えに無制限に発行可能とされれば、預金者は夜間や週末でも、インターネットやスマートフォンを通じて預金を中央銀行デジタル通貨に移せる。したがって、もし銀行の信用不安が起これば、「銀行取付け」がデジタル媒体を通じて急激に進み、流動性危機を加速させるかもしれない。一方で、これを防ぐために中央銀行デジタル通貨の発行量に上限を設ければ、現金や預金との1対1の交換比率が維持できなくなるだろう。

ただ、この点については、ネットバンキングを通じて預金を別の銀行に移すことはいつでも可能であり、この面での中央銀行デジタル通貨の悪影響をことさらに問題視すべきでないとの反論もある。

また、中央銀行デジタル通貨に付利が行われれば、金融政策の有効性が高まるとの主張もある。デジタル通貨への付利水準が広範な金利の「下限」として働くとか、デジタル通貨の名目価値を減らすことで容易にマイナス金利を実現できるため、「名目金利のゼロ制約」を乗り越えやすくなるといった見解である。

もっとも、中央銀行デジタル通貨への付利を政策手段として積極的に使おうとするほど、これが銀行預金を侵食する可能性も高まる。また、「名目金利のゼロ制約」についても、現金を廃止しない限り、中央銀行デジタル通貨から現金に資金を移すことでマイナス金利を免れることはいつでも可能であり、「ゼロ制約」は残るとの反論もある。

加えて、中央銀行が自らの債務の名目価値を一方的に減らすことの経済社会的影響は大きく、中央銀行の信認低下を招くのではないか、さらには、支払決済手段としての「物差し」の目盛りを動かすことは、経済の混乱につながるのではないかといった指摘もある。中央銀行デジタル通貨をもつ人々が、「あなたのもっているデジタル通貨の価値は100円から99円になります」といわれれば、現実には相当な混乱が起こるだろう[30]。

支払決済システムへのインプリケーション

さらに、中央銀行デジタル通貨をめぐる議論は、支払決済システムの設計にも影響を及ぼす。

中央銀行デジタル通貨の発行は、中央銀行口座の保有を広範な主体に認め、中央銀行決済システムを１年365日、１日24時間稼動させるのと似ている。複数の中央銀行は、「中央銀行デジタル通貨発行の目的が決済リスクの削減にあるのであれば、

30　さらに、「低所得者のもつデジタル通貨の名目価値は下げさせない」といった政治的議論になれば、金融政策と財政政策の境界の混乱にもつながりうる。

即時決済（RTGS、Real Time Gross Settlement）を可能とする中央銀行決済システムを週末や夜間も稼動させ、民間のリテール決済をサポートすることでも類似の効果が得られる」と述べている（決済システムをこのように稼動させ続けることは、「1日24時間、1週間7日稼動させる」という意味で「24/7」と呼ばれる）。

実際、近年、欧州中央銀行や豪州準備銀行、中国人民銀行など、自らの決済システムの稼動時間を延長し、1日24時間近い稼動を実現する中央銀行が増加している。さらに、米国の連邦準備制度や英国のイングランド銀行も現在、中央銀行決済システムの稼動時間を延長し、1日24時間近い稼動を実現することを検討している[31]。

また、決済リスクを減らすためには、中央銀行デジタル通貨の発行に踏み切らなくとも、より広い主体が中央銀行口座を直接利用できるようにする選択肢もありうる。

さらに、中央銀行預金へのアクセスを広げれば、その金利が広範な金利の下限として働く効果も強まりうる。実際、2018年にはイングランド銀行、2019年にはスイス国民銀行が、ノンバンク支払決済サービス業者の中央銀行口座へのアクセスを新たに認めるなど、中央銀行口座保有者の範囲を広げる動きが海外で目立っている。

31　中央銀行決済システムの稼動時間の延長は、各国の金融市場の安定性確保および競争力の向上という観点からも重要なテーマとなっている（中央銀行決済システムが24/7での稼動を実現していないなかで、民間の支払決済システムが24/7化を進めれば、経済のどこかに必ず未決済残高が溜まることになる）。

一方で、あらゆる支払決済手段が強いネットワーク外部性をもつことや、中央銀行マネーは「信用リスクがない」という優位性をもつことをふまえれば、中央銀行デジタル通貨が民間の支払決済手段をクラウドアウトしたり、民間によるデータの利活用に影響を及ぼすリスクも考慮する必要がある。

中央銀行は匿名性ある銀行券を発行するとともに、大口決済システムを運営している。データの観点からみると、中央銀行は、日常の支払決済に関するデータの集積や利用は民間に委ねる一方、決済システム全体の安定に重要な大口決済データは確保しているといえる。このなかで、新たに中央銀行が汎用型のデジタル通貨を発行すれば、支払決済に付随する情報やデータを中央銀行が独占し、これらのデータの民間による活用が妨げられる可能性も考えられる。

このことは、「中央銀行の独立性」からも論点となりうる。たとえば、中央銀行がデジタル通貨の発行を通じて、人々の日々の取引に関する情報やデータを入手できる立場になった場合、仮に警察や税務当局からこれらの提出を要請されたときにどう対応するのかなどが論点となる。中央銀行があらゆる取引情報やデータを入手できる立場になっていくと、行政と中央銀行との峻別がむずかしくなっていく可能性がある。

このように、中央銀行デジタル通貨は、金融システムや金融政策への影響に加え、支払決済に伴うデータの有効活用や、さらにはマネーや金融の未来にとっても、重要な論点を数多く提示している。

第4章

経済のデジタル化と金融

1 デジタル・分散型技術と新たな経済活動

(1) 多数の投票による信頼の構築

「一見さんお断り」と「多数による投票」

1980年代のSF映画『ブレードランナー』や『未来世紀ブラジル』では、技術が進歩した未来のディストピアが描かれている。危険な作業に従事させられ続けたAIの反乱、誤ったデータが保管されたことに伴う市民の抑圧など、これらの映画では、未来社会に抱くわれわれの不安感が見事に体現されている。では、このような未来を回避するため、金融には何ができるのだろうか。

本章では、急速に進行する情報革命やデータ革命が、「金融」の枠を超え、経済全体にどのような影響を及ぼしているかを考察する。そのうえで、そうした変化と金融とのかかわりを考えていく。

デジタル技術革新やデータ革命、すなわち、データ量の飛躍的増加とデータ処理コストの低下は、経済取引の礎である「信頼」を構築する手法を多様化している。

日本では、「信頼」を構築する手法として「長年の取引関係」や、「一見さんお断り」といった方法が重視されてきた。すなわち、「過去の良好なトラックレコード」を信頼の礎とし

図表52　多数の投票による信頼の構築

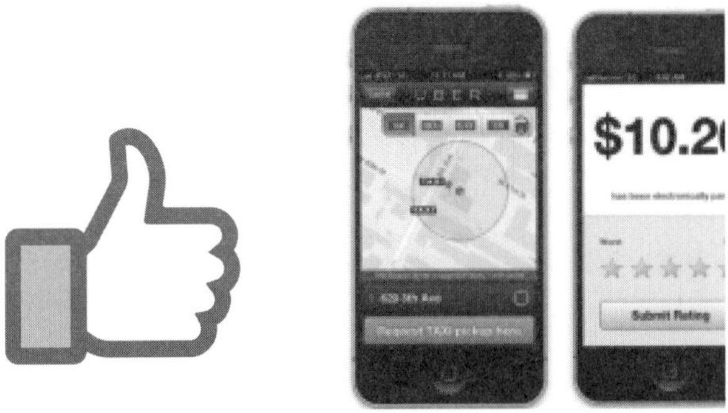

（出所）　Facebook、Uber Technologies

たり、特定の信頼できる主体を見出し、その評価を信頼の基盤とするやり方である。日本の金融における伝統的な「メインバンク制」もそうした手法に近い。

これに対し、デジタル情報技術の発展のもと、近年増加している信頼構築手法は「多数の投票による信頼構築」という方法である。その典型が、フェイスブックの「いいね！」ボタンやユーチューブの「高評化」であろう（図表52）。

多数の投票を活用した経済活動

多数の投票による新たな信頼構築の手法を活用している経済活動としては、ｅコマースやシェアリングエコノミーがあげられる。

ｅコマースのプラットフォームを通じた中古品の売買では、売り手も買い手も互いに見ず知らずの人々である。

そこで、プラットフォーム上で、買い手が売り手を、売り手が買い手を相互に評価する仕組みが組み込まれている。プラットフォームの参加者は、このような多くの人々の評価を参考に、どの相手と取引をすればよいかを決めていく。このプロセスのなかで、参加者が高評価を目指してサービスを向上させ、評価の低い参加者がネットワークから淘汰されることを通じて、ビジネス全体の信頼確保が図られている。

同様に、UberやLyft、Airbnbのようなシェアリングエコノミー・ビジネスでも、サービスの売り手と買い手が互いに評価し合い、評価の低い参加者は淘汰されていく。このような分散型の信頼構築は、デジタル情報技術の進歩によって容易になった。

さらに、eコマースやシェアリングエコノミーでは、前述のような評価システムに加え、地図情報を伴った空車や空室の検索など、不稼動資産とニーズをマッチングする機能、顧客のニーズを分析して宣伝につなげる機能、キャッシュレス決済など、さまざまな機能が束ねられている。

もちろん、このような多数投票方式の信頼構築にも欠点はある。実際、投票の依頼などを通じてフェイスブックの「いいね！」の数をかさ上げしたり、SNSでの「フォロワー数」を多くみせるといったマニピュレーションやステルスマーケティング（ステマ）も増加している。もっとも、「特定の主体を信頼する」といった中央集権的な信頼構築の手法にも、中立性などへの信頼が崩れたときの影響が大きいといった欠点がある。

重要なことは、デジタル技術の発達とともに、信頼を構築する手法も多様化しているということである。レストランの評価において、ミシュランガイドの覆面審査員の評価を信頼する人もいれば、グルメサイトの多数の評価を店選びの参考にする人もいる。

いずれにしても、信頼の構築には常にコストがかかり、また、そのための方法にはどれも一長一短がある。このなかで、それぞれの経済活動の性質に適した方法を選択していくことが求められている。

とりわけ、こうした判断が強く要請されるのが金融サービスである。

現在、「多数による評価」といった手法は、金融分野におけるリスク管理などにも応用されている。その典型としては、中国アリババグループが運営する信用スコアである“Zhima Credit Score”（芝麻信用）があげられる。このスコアでは、eコマースやSNSの利用歴、さらには交友範囲なども、個人の信用リスク評価に反映される（図表53）。

もっとも、リスクを評価するための広範なデータの活用が、結果的に人種差別や民族差別、ジェンダー差別などにつながったり、誤ったデータの保管や利用が個人の著しい不利益を招くおそれも考えられる。

したがって、このようなスコアリングについては、データの有効活用と、プライバシーや個人の尊厳とのバランスをどうとるのかが課題となる。

図表53　Zhima Credit Score

（出所）　Ant Financial資料をもとに筆者加筆

このなかで、これからの金融サービス提供者には、信頼構築のための適切な手法を選択し、組み合わせながら、効率性と個人の尊重を両立させる、高度なノウハウが求められるのである。

⑵　分散型技術によるデータ管理

ブロックチェーン・分散型台帳の登場

情報やデータの管理についても、分散化の動きが同様にみられる。

情報やデータを管理する手法としては、長年の間、中央にいる特定の主体への信頼を構築したうえで、これが管理する特定の帳簿を「真正」なものとし、それ以外の記録は「コピー」とする手法が多くとられてきた。たとえば、中央銀行によるベースマネーの管理、民間銀行による預金口座の管理、行政による登記簿の管理などである。企業間取引では、銀行間での送金により支払が行われることが多い。これは、銀行による預金の記録やこれを書き換える事務、さらには預金を発行する銀行の健全性が十分信頼されていることが前提となっている。

これらはいずれも、中央にある帳簿管理主体を信頼するという意味で「中央集権型」の信頼構築といえる。そして、データ間の不整合や真偽をめぐる争いが生じた場合には、「真正」な帳簿上のデータが正しいとみなすことになる。

このような信頼の構築には、さまざまなコストがかかっている。前述の事例では、中央銀行法による独立性の担保などを通じた中央銀行への信頼の構築、規制監督を通じた銀行の健全性の確保、財政支出による登記所（法務局）の維持といったコストがあげられる。

ブロックチェーン・分散型台帳の登場

一方、2009年にビットコインとともに登場したブロックチェーンや分散型台帳技術は、「すべての参加者が同じ立場で同じ帳簿をもつ」という発想に基づいている（図表54）。

ビットコインの場合、参加者がもつ帳簿の間に齟齬が生じた場合、どの帳簿が正しいのかは「計算競争」によって決定される。すなわち、参加者は特定の数値を早く探り当てる競争を行い、勝った参加者が正しい帳簿を決められる。このための計算には電力消費などのコストがかかる。これは、分散型の構造のもとで信頼を確立するためのコストととらえることができる。

図表54　集中型と分散型

集中型インフラ（ブックエントリーシステム等）
―参加者は自らの帳簿を中央の帳簿にあわせる―

ブロックチェーン・DLT（分散型台帳技術）による分散型インフラ
―参加者は同じ帳簿を共有―

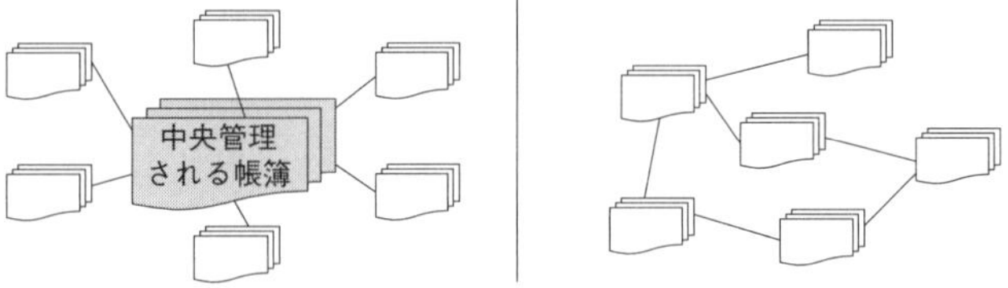

（出所）　柳川範之・山岡浩巳「ブロックチェーン・分散型台帳技術の法と経済学」（2017年３月）

中央集権型と分散型のどちらの信頼構築が効率的かはケース・バイ・ケースであり、分散型台帳技術の登場により、中央集権型の信頼構築が不要となるわけではない。たとえば、中央にいる帳簿管理主体への信頼がすでに確立されており、これに基づくシステムが円滑に運営されているような場合には、すでにある信頼を使ったほうが効率的かつ安上がりとなろう[32]。

一方、取引構造自体がもともと分散型であったり、特定のシステムの稼動時間に制約されずに土日や夜間も動き続けるインフラをつくりたいといった場合には、分散型のメリットが大きくなることが考えられる。

32　このような主体の典型が中央銀行であろう。いくつかの中央銀行が、中央銀行デジタル通貨を発行する場合、必ずしも分散型の技術（ブロックチェーンなど）を使う必要はないと述べているのも、中央銀行はすでに信頼されているはずだという考え方を反映している。

このなかで、金融サービスの提供者を含むさまざまな経済主体は、それぞれの取引の構造などをふまえながら、中央集権型と分散型と、信頼を構築していくうえでどちらの仕組みが効率的なのかを判断し、適切な方法を選択していくことが求められる。

とりわけ金融機関は、他の産業よりも相対的に厳しい規制監督下に置かれており、自身の信頼の確立に相当なコストがかかっている。このこともあり、ブロックチェーンや分散型台帳技術を直ちに収益に結びつけることは容易ではない。むしろ、すでにある自らへの信頼を、より広範なビジネスに活用することを検討すべき局面も多いだろう。

もっとも、分散型台帳技術を応用することが可能な分野は、金融分野でも潜在的には大きい。

たとえば、分散型台帳技術を使うことで、特定のコンピュータの稼動時間に制約されることなく、１年365日、１日24時間稼動できるインフラを構築できるかもしれない。このことは、クロスボーダー決済などにメリットをもたらしうる。

また、取引自体が分散型の構造を強くもっており、中央に特定の帳簿管理者もいないような場合には、分散型台帳技術のメリットは大きくなりやすい。シンガポールや香港、カナダなどの中央銀行や金融当局が、国際送金や貿易金融に分散型台帳技術を応用する実証実験を行ってきているのも、こうした面を考慮したものといえよう。

(3) スマートコントラクト

また、「スマートコントラクト」と呼ばれる技術を応用することで、取引の執行を分散型の仕組みのもとで担保することも可能となっている。

たとえば、財やサービスの売買を行う場合、買い手がお金を渡せば、売り手が買い手に対し、約束した財やサービスを必ず渡してくれることが重要となる。同様に、売り手の側からみれば、財やサービスを渡せば、買い手が必ず対価としてのお金を渡してくれることが大事である。このように、「取引の執行を担保することの重要性」は、証券取引や外為取引など、あらゆる取引に共通する。

このような取引の履行は、さまざまな法制度（同時履行の抗弁権や損害賠償制度）に加え、各種のインフラによって担保が図られてきた。

たとえば、証券と資金の同時決済（DvP、Delivery versus Payment）では、中央集権型の証券決済システムと資金決済システムをつなぎ、証券の受渡しと資金の受渡しを紐づけることで、互いの履行を担保してきた。もっとも、このような仕組みは、特定の主体（例：証券決済システムや資金決済システム）がその役割をきちんと果たすという信頼があってこそ機能する。

しかし、スマートコントラクトや「アトミック・スワップ」と呼ばれる技術を用いることにより、特定の主体を頼らずに、取引の執行や同時決済を実現できる可能性が生まれている。

図表55　分散型構造のもとでの証券・資金の同時決済

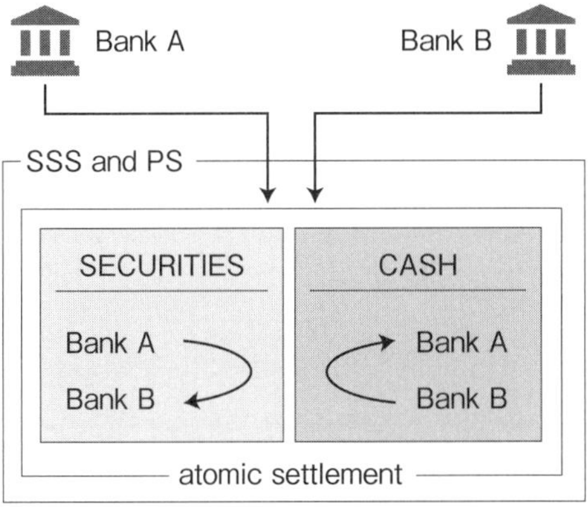

（注）　図中において、SSSは証券決済用のDLTネットワーク、PSは資金決済用のDLTネットワークを示す。
（出所）　欧州中央銀行・日本銀行「Project Stella―分散型台帳技術によるDvP決済の実現―」（2018年３月）

たとえば欧州中央銀行と日本銀行は、共同プロジェクトである「プロジェクト・ステラ」において、分散型構造のもとで証券と資金の同時決済を実現する実験を行っている（図表55）。

このような技術を金融分野に応用できる領域は潜在的には広い。たとえば、バックオフィス事務の効率化や、特定の主体を介さない、資金と資金、証券と資金などの同時決済（Payment versus Payment〈PvP〉, Delivery versus Payment〈DvP〉）への応用などが考えられる。

また、保険の分野では保険契約者の安全運転度や日々の健康管理などを保険料に反映させることで、保険の「モラル・ハザード」の問題を軽減させる取組みも行われている[33]。

さらに、特定の主体に頼らずに、寄付を届けたい人に確実に届けたり、資金を投資家が望む投資先に投資し、その収益を投資家に確実に帰属させる仕組みなども考えられている。

33　保険契約者の行動が、保険に入ったことによって変化してしまう（例：盗難保険に入ったことにより、盗難のリスクに従来よりも気を配らなくなる）という「モラル・ハザード」は、これまで保険の本質的な問題であり解決は困難ととらえられてきた。しかし、スマートコントラクトなどの新技術は、この問題を解決する可能性をもたらしている。

2 “As a service”の拡大

(1) クラウドの拡大

データ量の増加と世界の計算力競争

米国のGAFA、中国のBATといったBigTech企業が大量のデータの蓄積を進めているのは前述のとおりであるが、データ量の飛躍的増加のもと、データを処理する「計算力」も、経済的なパワーを大きく左右するようになっている。BigTech企業もこのことを意識し、近年、クラウド・コンピューティングの分野に一斉に参入している。これらの企業は現在、クラウド分野でも世界的なプレーヤーとなっている（図表57）。

広範な経済活動がクラウド抜きには考えられなくなっているなか、BigTech企業は、いまや「データ」と「計算力」の両面で、大きなプレゼンスをもつに至っているのである。

クラウドのメリット

クラウドは、コンピュータという「モノ」の代わりに、コンピュータの計算力などを切り売りするものといえる。現在、金融を含む広範な分野で、クラウドの利用は拡大している。

これは、クラウドには、①初期投資費用を軽減できる、②オーバーキャパシティを防ぎつつ、季節的な計算力需要の変化

図表56　クラウドの拡大（クラウドの市場予測）

Table 1. Worldwide Public Cloud Service Revenue Forecast (Billions of U.S. Dollars)

	2018	2019	2020	2021	2022
Cloud Business Process Services (BPaaS)	45.8	49.3	53.1	57.0	61.1
Cloud Application Infrastructure Services (PaaS)	15.6	19.0	23.0	27.5	31.8
Cloud Application Services (SaaS)	80.0	94.8	110.5	126.7	143.7
Cloud Management and Security Services	10.5	12.2	14.1	16.0	17.9
Cloud System Infrastructure Services (IaaS)	30.5	38.9	49.1	61.9	76.6
Total Market	182.4	214.3	249.8	289.1	331.2

BPaaS = business process as a service；IaaS = infrastructure as a service；PaaS = platform as a service；SaaS = software as a service

Note：Totals may not add up due to rounding.

（出所）Gartner, Press Release, April 2, 2019, "Gartner Forecasts Worldwide Public Cloud Revenue to Grow 17.5 Percent in 2019"

などに対応しやすい、③投資が大型コンピュータの更新サイクルなどに左右されにくく、臨機応変なインフラ投資ができる、といったメリットがあるためである。

技術革新の速度が一段と速まり、迅速なIT戦略と投資が求められるとともに、スタートアップ企業の新規参入も増加するなか、前述のようなクラウドのメリットは、ますます重視されるようになっている。

図表57　クラウドの市場シェア（2018年第三四半期調査）

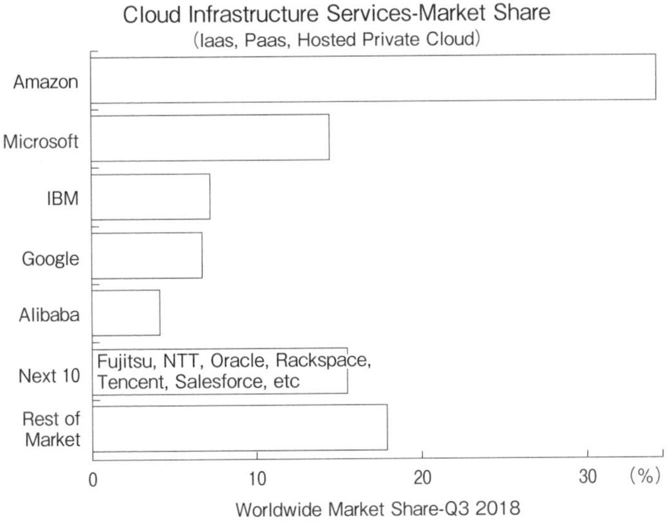

（出所）Synergy Research Group「The Leading Cloud Providers Increase Their Market Share Again in the Third Quarter」

金融とクラウド

クラウドの拡大は、金融にとっても大きなインプリケーションをもつ。

クラウドの利用というオプションが加わることで、金融サービスの提供主体は、これまでよりも迅速なIT戦略の策定や投資が可能となった。これに伴い、企業間協力を可能とする「オープン」で柔軟性・発展性の高いITシステムを構築し、「アジャイル」なかたちでシステム開発を進めていくことが、一段と求められている。

また、これまで、金融システム全体の安定性を確保するうえでは、個別の金融機関の「システミックな重要性」に注目されることが多かった。

とりわけ、グローバル金融危機後は、国境を越えて活動する「システミックに重要なグローバル銀行（G-SIB、Global Systemically Important Bank)」への当局のコントローラビリティを取り戻すことが目指された。このような問題意識のもと、各行のバランスシート規模などに基づいたスコアリングにより、全世界で30行程度のG-SIBが選定され、規制自己資本比率の上乗せなどが行われている。

しかし現在、金融サービスの提供は、多くの金融機関や企業が連携するかたちで行われるようになっている。その一方で、G-SIBを含む多くの金融機関や企業は、比較的少数の巨大企業が提供するクラウドを、積極的に活用している。このなかで、クラウドが安定的に稼動し、クラウドに保管されるデータのセキュリティが確保されることは、金融サービスが安定的に提供されるうえでの重要な条件となっている。このように、いまやクラウドは、金融システムの安定確保や規制監督の面からも、重要性を高めつつある。

(2) さまざまな“as a Service”の登場

サービスの分解と再構築

デジタル情報技術の発達に伴い、前述のクラウドの発達が象徴するように、従来はひとまとめにして販売されていたモノやその機能が分解（アンバンドリング）され、これらを、時には別の要素や機能と組み合わせながら（リバンドリング）、取引されるケースが増加している。

たとえば、クラウドの拡大に伴い増加しているSaaS（Software as a Service）を取り上げてみよう（図表58）。

従来、ユーザーは、「パッケージ」としてひとまとめで販売されているソフトウェアを購入し、これを自分のコンピュータで動かすかたちがほとんどであった。しかしSaaSでは、ソフトウェアを提供する側（プロバイダ）が、自分のコンピュータでソフトウェアを動かし、ユーザー側はインターネットなどを通じて必要な部分のサービスを購入し、対価を支払う。すなわち、これまではパッケージとして一括で提供されてきたサービスを分解（アンバンドリング）し、バラ売りすることが可能となっている。

SaaSのメリットとしては、ユーザー側が使うサービス分についてだけ対価を支払うことで、過剰な投資や支出を回避できることがあげられる。また、ユーザー側がソフトウェアを動かすためのハードウェアへの初期投資コストや維持管理コストも節約できる。すなわち、コスト構造を「固定費用が大きい」スタイルから、「固定費用が相対的に小さく、利用量に比例する費用（変動費用）が相対的に大きい」構造に変えられる。

これにより、とりわけ規模が相対的に小さい企業やスタートアップ企業にとっては、新しいソフトウェアを導入するハードルが低くなり、メリットが大きいと考えられる。また、サービ

図表58　クラウドの分類

	SaaS （Software as a Service）	IaaS （Infrastructure as a Service）
概要	ユーザーはインターネットなどを通じて、クラウドベースのアプリケーションを、サブスクリプションベースで利用	サーバーやストレージなどのインフラをインターネットなどを経由して提供。ユーザーは利用度に応じて対価を支払う
例	Microsoft Office 365, Google Docs	Rackspace, NYSE Euronext CMCP, Amazon AWS EC2

（出所）　金融安定理事会（FSB）「Third-party dependencies in cloud

スの提供側にとっても、このような比較的小規模のユーザーを顧客として獲得しやすくなるメリットがある。

さらに、SaaSの発展形として、IaaS（Infrastructure as a Service）やPaaS（Platform as a Service）なども登場している。IaaSは、システム自体を構築し稼動させるためのインフラを、インターネット経由で提供するサービスを指すことが多い。またPaaSは、システムを開発するための環境や開発手段をインターネットなどを通じて提供し、対価を得るものである。

このように、情報技術の発展のもとで、従来はパッケージにまとめられて提供されていたサービスをさまざまなかたちに分解し、よりユーザーのニーズにあったかたちに再構築して提供することが可能となっている。

PaaS (Platform as a Service)	BPaaS (Business Process as a Service)
ソフトウェアの開発やテスト、維持管理などのプラットフォームをインターネットなどを経由してオンデマンドで提供	クラウドを通じて、複数の企業が利用できるような汎用度の高いビジネスソリューションを提供
Microsoft Azure, Google App Engine, IBM Cloud PaaS	ADP Employease, AMEX Concur

service」（2019年12月）

より巨視的にみれば、このような動きは、技術革新に伴い、「どうすれば規模の経済や範囲の経済を発揮し、各主体の知見を生かせるか」という構図が大きく変わっていることを示している。たとえば、かつては銀行サービスにかかわるほぼすべてを、銀行が自前でまかなうことが効率的だったかもしれない。しかし現在、サーバー構築、ソフトウェア開発、セキュリティ対策など、それぞれの分野で、「規模の経済」や「範囲の経済」「専門性」をより生かせる主体が、銀行業の外側にどんどん現れており、その協力や協業も可能となっている。このような環境変化のもと、金融機関にも、「多様な主体を、オープンなインフラを通じて、いかに効率的に組み合わせていくか」というノウハウが、ますます問われるようになっている。

MaaS—Mobility as a Service—

「分解と再構築」は、コンピュータやソフトウェア関連にとどまらず、広範な領域で進んでいる。

その代表的なものが、交通手段のas a Service化、すなわち、MaaS（Mobility as a Service）である。

MaaSは、自家用車といった「モノ」の所有権や交通機関の「チケット」を売るかわりに、特定の範囲内の「移動」のオプションを売るサービスといえる。このサービスでは、公共交通やレンタル自転車、ライドシェアなどの移動の選択肢のなかから、その時々の交通状況などをふまえた最適な手段を探し出すなど、さまざまなデジタル技術が活用されている。

また、MaaSをはじめとする“as a Service”は、対価を支払う方法についても変革をもたらす。

たとえば、交通機関の乗車券や自転車を購入するのであれば、現金での支払も可能であろう。しかし、自転車をレンタルし到着地で乗り捨てる場合、自転車置き場や自転車に現金投入箱を設置すれば、現金だけでなく、自転車の盗難リスクまで高まるため、支払決済もキャッシュレスで行われることが前提となる（図表59）。

つまり、利用可能なレンタル自転車を検索でき、キャッシュレスでの支払と同時に自転車のロックが外れ、さらに、利用者は誰かをサービスの提供者側が常に把握できることが重要となる。

さらに、“as a Service”の発展は、対価を支払うスキームも変えていく。すなわち、利用者の側からは毎回の支払の手間を

図表59　北欧のレンタル自転車・二輪車

なくし、また、サービス提供者の側からはサービス提供の固定費をまかなうとともに収益を安定させる観点から、期間を決めて定額を支払う「サブスクリプション方式」が徐々に拡大している。サブスクリプション方式のもとでは、利用者はサービスをなるべく高い頻度で利用するインセンティブが働きやすい。したがって、①利用頻度に物理的な制約がかかりやすい交通や、②高頻度での利用に比較的低いコストで対応できるIT関連サービス（楽曲ダウンロードなど）での拡大が見込まれる。

(3)　金融のas a Service化

BaaS（Banking as a Service）、FaaS（Finance as a Service）

経済活動の“as a Service”化の動きは、金融サービスにも大きな影響を及ぼしうる。すなわち、①さまざまな“as a Service”型の経済活動を支える金融サービスが求められている。また、②金融サービス自体の“as a Service”化も可能になっている。

まず、“as a Service”型の経済活動は、支払決済を含め、広範な関連サービスのデジタル化を前提としている。このため、これらの経済活動をサポートするための、金融サービスのデジタル対応が強く要請される。

さらに、“as a Service”の拡大は、リスク負担の構造やファイナンスを必要とするタイミングも変化させる。たとえば、企業がメインフレームコンピュータを自前で保有する場合には、すべての投資リスクを自ら負う。また、資金調達を必要とするタイミングも、ITインフラの更改期に集中しがちとなる。これに対し、SaaS、PaaS、IaaSなどのサービスを利用する場合、リスクを負う主体はユーザー企業やクラウド企業、ソフトウェア会社などへと分散化する。これに伴い、金融へのニーズや、各主体が資金調達を行うタイミングも多様化する。

また、金融サービスそのものについても、従来は一括りで提供されていた機能やサービスを、顧客のニーズにあわせて分解し、時には非金融サービスと組み合わせてデジタルベースで提供することが可能となっている。これらは、BaaS（Banking as a Service）、FaaS（Finance as a Service）と呼ばれる。

たとえば、従来は口座に紐づけるかたちでパッケージで提供されていた銀行サービスが分解され、ユーザーが求める特定のサービス（支払決済、融資、本人認証など）が個別に提供されたり、さらに、非金融サービスと組み合わせて（リバンドリング）提供することが考えられる。

これに伴い、従来は銀行など単独の金融機関によって提供されていたサービスが、オープンなプラットフォームを通じて、非金融機関やスタートアップ企業も含めた複数の主体によって提供される可能性が広がっている。

これまで、企業が資金調達を行う典型的なケースは、①企業が銀行の支店に出向いて融資を申し込み、②銀行が審査し、③預金を原資とする銀行融資が行われ、さらに、④銀行自身が与信リスクを管理し、回収も行うというものであった。

しかし、デジタル技術が発達した現在では、たとえば、①スマホアプリで融資を申し込むと、②別の、信用リスク審査に特化した企業が、AIも動員しながら信用リスクを判断し、③さらに、この判断をもとに、プラットフォーム企業が資金提供者と資金調達企業とを直接マッチングすることも可能となっている。加えて、④与信リスクの管理やファクタリングは、また別の企業が行うこともありうる。

このような金融サービスの“as a Service”化は、対価の支払スキームも多様化しうる。たとえば、前述の「サブスクリプション方式」を、顧客のオンライン取引への誘導などに戦略的に活用していくことも考えられる。

3 経済のデジタル化と構造変化

(1) 経済・企業活動の構造変化とバーチャル化

産業構造の変化

情報技術革新は、金融に限らず、産業や経済の構造も大きく変貌させつつある。

まず、前述のとおり、かつては1つのパッケージに束ねられて提供されていた機能やサービスを、分解し、他の機能やサービスと結びつけて提供することも、より容易となっている。

また、MaaSでは自動運転車が大きな役割を果たすことが期待されている。これまで、自動車技術の核はエンジンであり、実際にもエンジン製造の起源をもつ企業（自動二輪車や航空機など）が主なプレーヤーであった。

しかし、現在計画中の自動運転車の多くは、電力とモーターで動くことが想定されている。このため、エンジン製造のノウハウは、自動車分野に参入する必要条件ではなくなっている。一方で、自動運転車にとっては、交通渋滞や悪路、悪天候などさまざまな環境下でのドライビングデータの蓄積が重要となる（図表60）。

すなわち、自動車分野でも、今後はデータが主要な資産になっていく。

図表60　フィンランドの自動運転車
"GACHA"

現在、時価総額で世界のトップを占める米国のGAFAや中国のBATは、従来の産業区分（電気機械、小売、情報サービス、通信、金融など）では分類がむずかしい。しかし、いずれも「ネットワークをもとに、大量のデータを蓄積し、活用する企業」という点では共通している。

経済活動のバーチャル化

情報技術の進歩は、経済活動や企業活動のバーチャル化も進めている。広範な資産がデジタル化され、これらのデータがクラウド上で保管され、さらに、取引もデジタルベースで行うことが可能となっている。さらに、ブロックチェーンや分散型台帳技術のもとでは、「元帳」と「コピー」の区別は消滅し、「元帳の保管場所」という概念自体が意味をなさなくなる。このため、資産や取引の物理的な「場所」を決めることもむずかしくなっていく。

実際、海外では、物理的な拠点や事業所、電算センターなどをほとんどもたない「バーチャル企業」や「バーチャル銀行」が次々と登場している（図表61）。

図表61　中国Tencent傘下のデジタル銀行“WeBank”

（出所）　WeBank（ホームページ）より

さらに、顧客とのリレーション維持はスマホアプリなどで行い、リスク管理や投資判断、収益の分配などにはAIを活用することで、物理的な有形資産をもたないだけでなく、人間の労力や判断を極力介在させないかたちで投資を展開するプログラムも登場している。

(2) デジタル化時代の規制監督

規制監督などの国際的調和

企業や経済活動のバーチャル化は、規制監督を含む行政にも、新たなチャレンジをもたらす。

これまでの規制監督は、ほとんどが国ごとに行われてきた(「バーゼルⅢ」などの国際金融規制も、各国が国内法として適用〈Implementation〉することで効力をもつ)。しかし、経済活動の主体や取引、資産などの場所を特定できなくなれば、どの国の規制監督に属するかを定めることはむずかしいし、そもそも徴税すら容易ではなくなる。

実際、経済のデジタル化の進行とともに、国際的な議論でも、「課税逃れ」やグローバル企業への課税の問題が、ますます多く取り上げられるようになっている。したがって、デジタル化は必然的に、規制監督や税制など、政策や制度の国際的ハーモナイゼーションを要請する。

データ・ローカライゼーション

データの問題は、金融や経済の領域にとどまらず、安全保障にもかかわるものとなっている。

これまでも、食料やエネルギーの自給や備蓄の問題は、経済合理性の判断に加え、安全保障の観点も避けては通れなかった。同様に、データについても、データを海外に保管し、そこで有事や政治体制の変更が起こる可能性などをふまえ、データを自国内に置くように求める「データ・ローカライゼーション」政策を導入する国々が現れている。

データは本質的に地理的国境などに制約されないが、このなかで各国があえてデータ・ローカライゼーション政策を進めれば、データ活用の効率性はその分損なわれることになる。さらに、データをどれだけ囲い込むかは、企業や、さらには国の競争力をも左右しうる。国境を越えた企業活動や効率的なデータ活用と、経済安全保障の問題とをどう両立させるかが、ますます大きな政策課題となりつつある。

当局による情報・データの入手

企業活動や経済取引のデジタル化に伴い、当局への報告や規制のコンプライアンスにかかるコストをいかに引き下げるかも、国の競争力を左右する重要な課題となっている。

デジタル技術の発達により、当局への報告や届出を、物理的に足を運ぶことなくオンラインで行える余地は広がっている（たとえばエストニアでは、結婚・離婚・不動産取引を除く行政への報告の99％を、オンラインで１年365日、１日24時間行うことが可能となっている）。

こうしたなかで、行政側も、デジタル技術を活用して行政の効率化を進め、コンプライアンスコストを引き下げていく取組みが求められている。

とりわけ、経済のデジタル化が進行し、クロスボーダーでの取引も増加するなか、当局が必要な情報やデータをいかに効率的に収集するかは重要な課題である。仮にこの点での取組みが十分でなければ、報告負担やコンプライアンス負担の増加が、デジタル化のメリットを相殺してしまいかねない[34]。

行政当局や規制監督当局には、紙ベースでの報告負担を軽減し、オンラインベースでの報告への対応を進めることが求められる。さらに、RegTech/SupTechの一環として、AIを活用しアノマリーな取引を検出したり、当局が分散型台帳のノードに加わることで、必要な情報やデータを自動的に集めるといった構想も注目されている[35]。

また、データベースの共有を通じて必要なデータを当局間で共有し、報告負担が二重・三重となることを防ぐことや、十分なサイバー攻撃対策やバックアップを通じてデータのセキュリティを確保する取組みも求められる。加えて、当局としてセンシティブなデータを扱うこともふまえ、データの利活用やプラ

34 反マネロンやKYCのコンプライアンス負担の増加を一因とする、銀行のコルレス業務からの撤退も、その一例とみることができよう。

35 RegTech/SupTechの定義は必ずしも統一されていないが、通常、被規制主体側がデジタル技術を応用して報告負担やコンプライアンス負担を軽減することをRegTech、逆に、規制主体側がデジタル技術を応用することをSupTechと呼ぶことが多い。

イバシー保護に関する方針の確立など、制度面からの対応も必要となろう。

(3) 経済のデジタル化と金融の課題

デジタル経済と金融の新たな接点

企業活動や経済取引のデジタル化は、金融にとって新たなチャレンジをもたらすと同時に、金融の可能性を広げるものでもある。金融がもともと高度な情報処理・データ処理活動であるなか、経済のデジタル化は、経済と金融の新たな接点を数多く生み出す。

たとえば、店頭販売がｅコマースに移行した場合、対面での現金での受渡しに代わる支払決済をどのように安全かつ確実に行うかが新たな課題となる。また、支払決済の際に入手できる付随データを宣伝やマーケティングに活用したり、ポイントカードと紐づけたボリューム・ディスカウントを導入して顧客の囲い込みを図るといった、さまざまなビジネス戦略に結びつけることも可能となる。このように、デジタル化するビジネスの可能性を広げるうえでは、金融サイドからイノベーティブな支払決済サービスを提供できるかどうかが鍵となる。

経済活動をめぐる地理的境界の希薄化と金融

デジタル化に伴い、経済活動をめぐる地理的境界も希薄化している。たとえば、ｅコマースの出品者や利用者にとって、プラットフォームの提供者が国内企業か海外企業かは、大きな意味をもたなくなってきている。

情報処理・データ処理を中核とする金融サービスは、本質的には地理的境界に制約されにくいサービスといえる。ユーザー企業からみても、金融サービスを「どこの」金融機関や企業から受けるか、また、サービスの提供者が金融機関か否かは、デジタル化の進行とともに、決定的な要素ではなくなっている。より重要なことは、オンラインベースで提供される各種の金融サービスが、ビジネスの目的に沿った利便性を備えているかどうかである。

金融サービスの提供側からみれば、デジタル化は競争激化をもたらす一方で、潜在的な顧客が、いまや地域内・国内にとどまらず世界中に広がっていることを意味する。たとえば、海外企業が求める支払決済やリスク管理などのサービスを、国内から直接、インターネットやスマートフォン経由で提供することも考えられる。

「金融」と「非金融」の垣根の低下

デジタル化が広範なサービスの分解と再構築を進めるなか、これまで「金融」と「非金融」とに分けられていたサービスを組み合わせて提供することも可能となっている。これに伴い、「金融業」と「非金融業」の垣根や、「金融取引」と「非金融取引」の垣根は、一段と低下していく。現実に、ノンバンクがｅコマースやSNSの利用履歴を活用しながら信用リスクを評価し、与信を行うといった事例がみられている。

このようななかで、金融サービスの提供主体は、企業や業態を超えた協力や連携の取組みを強化していくことが求められる。このためには、ITインフラのオープン化など、連携を進めやすいインフラを整備していく必要がある。

前述のような環境変化のもと、金融規制監督も、従来の「主体別」の体系に、「機能別」の発想—同様の機能やサービス、リスクには同様の規制が賦課されるという発想—を組み合わせていくことが求められる。

「機能別」の規制は「すべての主体をモニターしなければならない」ことにより、規制監督のコストが増加しやすいという問題を伴うため、同時に、規制監督のコストを引き下げる方策も必要となる（この点は後述する）。

また、金融機関であることが、業務の制約を通じて、非金融機関との競争において過度に不利に働くことがないよう、主体別規制の見直しを適宜進めていくことも要請されよう。

第5章

経済の成熟化と金融

1 成熟化・高齢化社会と金融

(1) デジタル・ディバイド・新たな金融阻害への対応

金融包摂と新たな金融疎外

映画『ブルース・ブラザース』の主人公は、税金が払えずに立ち退かされそうになっている孤児院を、かわりにカネを工面することで、間一髪で危機から救い出す。では、現在の社会が直面する危機や課題の解決のために、金融には何ができるのだろうか。本章では、世界がいままさに直面しているさまざまな課題と金融とのかかわりについて考察する。

まず、高齢化社会と「デジタル・ディバイド（digital divide）」の問題を取り上げる。

情報技術革新とフィンテックは、全世界で金融包摂（financial inclusion）を大きく進めた。いまや金融サービスの多くが、PCやスマートフォンなどを通じて提供されるようになっている。既存の金融機関は、事務効率化やコスト削減の観点から、デジタル化されたサービスへの顧客の誘導を進めている。また、金融分野に新規参入する企業は、当初からデジタル媒体に特化してサービスを提供することが多い。

このなかで、デジタル媒体をもたない、あるいは使わない人々は、金融機関店舗やATMの減少などに伴いむしろ金融サービスへのアクセスがむずかしくなってしまうのではないかという、新たな金融疎外（financial exclusion）が懸念されている。これは、デジタル媒体にアクセスできない人々が社会的に大きな不利益を被るのではないかという「デジタル・ディバイド」問題の、金融面の表れともいえる。

情報技術を通じた金融疎外解消の取組み

金融サービスの提供側は、このような「金融版デジタル・ディバイド」の解消にも努めていく必要がある。とりわけ強く求められるのは、顧客にとってデジタル媒体を身近なものにする取組みである。仮に、こうした取組みが不十分とみられれば、「高齢者やデジタル弱者を切り捨てている」といった批判や、「デジタルベースと並行して紙ベースの事務も残すべき」といった主張にもつながりやすい。

デジタル化を進める一方で紙ベースの事務も従来どおり残そうとすれば、コストがふくらんでしまい、デジタル化の果実が十分に得られなくなる。

その結果として金融サービスの提供が採算に見合わなくなり、金融業務から撤退してしまうことは、金融阻害の観点から最も避けるべき事態である。

また、顧客のデジタル対応を支援していくことは、高齢化社会への対応などの観点から積極的な意味ももっている。

今後、高齢化が一段と進行するもとでは、金融機関の店舗や

ATMなどに物理的に足を運ぶことが困難な顧客への対応が、一段と大きな課題となる。加えて、数多くの暗証番号やパスワードを記憶し、管理することの負担感もますます高まっている。さらに、障がいのある方々への対応も強く求められる。

このなかで、自宅にいながら金融を含む広範なサービスの利用を可能とするデジタル技術、パスワードや暗証番号に頼らずに取引の安全を確保できる生体認証、さらにはチャットボットや音声入力などの技術は、高齢者や障がいのある方々への対応を進め、デジタル・ディバイドを防ぐことにも寄与する。さらに、疫病などを想定したうえで金融機能を継続的に提供していく観点からも意義がある。金融サービスを提供する側は、これらの観点からも、デジタル技術の応用とデジタル媒体へのアクセス支援に取り組んでいくことが求められる。

(2) 犯罪抑止と金融

高齢者をねらう金融犯罪の増加

世界的な反マネーローンダリング強化は、「金融面からの犯罪の抑止」という大きな関心の1つととらえることもできる。そして、金融面からの犯罪の抑止がとりわけ重要となるのが高齢者対応である。

高齢化社会のもとでは、高齢者が「オレオレ詐欺」などの「振り込め詐欺」といった犯罪のターゲットとなるリスクも高まる。これらの犯罪の多くは、犯人が被害者と物理的には接触せず、一方で、なんらかのかたちでの「送金」を伴う。

したがって、金融面からこれらの犯罪を抑止する社会的要請は特に強い。

金融犯罪から高齢者を守るという観点からは、類似の犯罪のパターンを企業や業態を超えて共有し、窓口やウェブサイト、アプリなどで注意を呼びかけることや、ATMやインターネット経由での送金をめぐる不審な動きをAIを通じてチェックするといった取組みが、ますます重要となるだろう。

グローバル化と犯罪の抑止

グローバル化に伴い、国境を越えたマネーローンダリングへの対応の重要性が高まる一方で、国境を越えた人の移動も増加している。

こうしたなかで、反マネーローンダリングやKYCなどのコンプライアンス負担の増加などを背景に、銀行が新規の口座開設に慎重になったり、外国送金業務から撤退する動きも目立っている。この影響を特に受けやすいのは、移民や出稼ぎ労働者といった、社会的に弱い立場に置かれやすい人々である。

技術進歩を、これらの人々も含めた幅広い人々にとっての金融サービスの利便性向上に結びつけていくためには、新しい情報技術を、KYCや規制監督のコンプライアンスにも活用し、グローバル化への対応とこれに伴う犯罪の抑止とを両立させていくことが求められる。この観点からも、マネロン対応の国際的協力や規制のハーモナイゼーション、生体認証技術の活用などに取り組んでいく必要があろう。

(3)　保険・医療と金融

情報技術革新と保険

成熟化・高齢化社会のもとでは、保険や医療の問題もますます重要になっていく。

金融の重要な機能の１つが、複雑な情報処理を通じたリスクの再配分とリスク管理であるが、保険も、人間にとって避けがたい不確実性とリスクを管理するための重要なインフラといえる。

そして、情報技術革新は、保険の可能性も大きく広げている。

「大数の法則」によって不確実性とリスクに対処する保険は、「逆選択」と「モラル・ハザード」という問題を常に抱えている（図表62）。

図表62　逆選択とモラル・ハザード

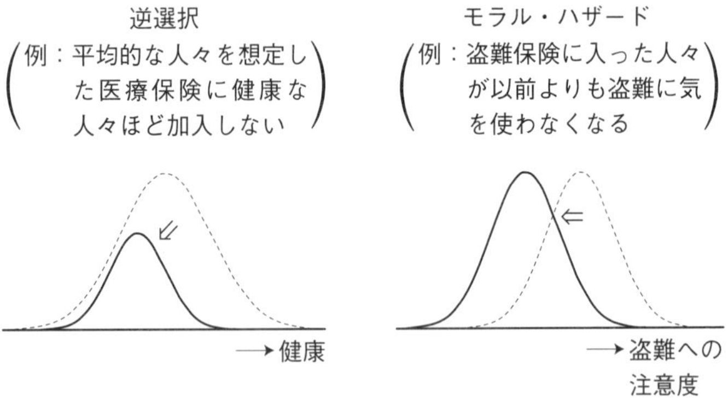

「逆選択」は、保険が想定していた集団の構成が、保険そのものによって変わってしまう問題である。たとえば、普通の健康状態の人々を想定して医療保険を提供したら、健康な人々ほど保険に加入せず、病気がちな人々が多く加入するといったケースである。また、「モラル・ハザード」は、保険が想定していた人々の行動が、保険に加入することで変わってしまうという問題である。たとえば、医療保険に加わった人々が、以前よりも健康に気を使わなくなるといったケースである。

これらの問題は、保険そのものに根ざす問題であり、克服困難ととらえられてきた。しかしながら、「スマートコントラクト」などの新しい情報技術は、これらの問題を乗り越える可能性を拓いている。

まず、ビッグデータやAIの活用により、保険加入者の特性に見合った保険商品を設計し提供することが、より容易になっている。たとえば、ビッグデータやAIを活用し、健康維持や安全運転にとりわけ意識の高い人々をピックアップし、その分、より安価な医療保険や自動車保険を提供するなどの取組みが行われている。

さらに、日々の運動や運転の状況を把握するセンサーを設置することで、「健康維持や安全運転に努めるほど保険料が安くなる」といった保険を設計することも可能となっている。

これらの取組みは、保険の「逆選択」や「モラル・ハザード」の克服を図ると同時に、人々が健康維持や安全運転などに取り組むインセンティブをつくりだし、ひいては経済社会全体としての損失を減らすことにもつながりうる。

一方で、このようなイノベーションは、生まれつきの病気を抱えた人が医療保険に入りにくくなるといった新たな疎外を生む可能性もある。したがって、民間による保険と、公的保険や公的支援とをどのように組み合わせていくかといった検討も、並行して求められるだろう。

医療と保険・金融

人間が保険を必要とするのは、生きていくうえで不確実性やリスクを免れることができないためといえる。そして、人間が直面する不確実性のなかで最大のものが、寿命と健康である。

自分の寿命や先行きの医療費支出を正確に予測できないことは、人間が経済生活を営むうえで最大の不確実性の１つである。各人が医療費が最大にかかるケースを想定して貯蓄を行えば、支出は著しく制約されるだろう。また、いかに貯蓄に励んだところで、テイル・イベント的なケースでは、やはり個人の力では自らの医療費や生活費をまかなうことはむずかしい。したがって、医療の問題は保険や金融と切り離せない。

一方で、すべての人々の関心事である医療や健康にかかわる保険は大規模なものとなりやすく、また、保険ゆえのモラル・ハザードの問題を伴う。実際、多くの国々で、公的医療保険に伴うモラル・ハザード（過剰な医療や投薬、これによる医療費の膨張など）は、共通して大きな問題となっている。

この観点からは、ビッグデータ分析やAIといった新しい技術を医療そのものに活用していくと同時に、医療保険や健康保険などの制度インフラにも応用することで、人々が必要な医療を受けられると同時に、経済社会的なコストを持続可能な水準にとどめていく取組みが求められる。

情報技術の医療への応用としては、高齢化社会などに対応した遠隔診療や処方、ドローンの活用、医療データの共有などが重要となろう。たとえば、複数の病院を転々としながら診療や薬の処方を受けてきた患者について、これまでどのような治療を受けてきたのかを把握することは、アレルギー反応などを未然に防ぎ、適切な治療を行ううえで重要となる。さらに、量・質ともに十分な医療データを蓄積できれば、「ある地域の住民のうち何％の人々が何年後までにどのような病気にかかるのか」「地域ごとの違いはあるか」「どのような対応が病気の発生確率低下に効果があるのか」などを把握することも可能となろう。このようなデータは、それぞれの人々が病気を予防し健康な生活を送れるようにすることに加え、経済社会全体のコストを引き下げていくうえでも有益である。

さらに、医療と保険や金融を適切に組み合わせていくことが重要となる。たとえば、医療データの蓄積は、適切な保険を設計し提供していくことに寄与する。また、スマートコントラクトの活用により、保険料の面から人々が健康の向上に努めるインセンティブをつくりだしていくことも考えられる。さらに、保険を組み合わせた金融商品の提供により、人々が過剰な貯蓄に追われることなく暮らせる取組みも重要となる。

同時に、医療データには、プライバシーの保護が厳しく要請される。したがって、その保管や活用にあたっては、匿名性を確保するための実務や制度面での対応などとともに、暗号技術やサイバー攻撃対応などを通じて、データ・プライバシーやセキュリティを確保していくことが求められる。

また、新型コロナウイルス感染症の世界的流行は、金融面でもいくつかの課題を再認識させている。

まず、人々が外出を避け、また、現金に触りたがらないといった環境下でも、継続的に金融サービスを維持していく態勢の整備やBCPの構築が重要となっている。

また、新型コロナウイルス感染症の流行が結果的に企業がリモートワーク化推進を促するなか、これを十分にサポートできる金融サービスのデジタル化へのニーズも強まっているといえる。

新型コロナウイルス感染症による経済的ショックは、企業の資金繰りニーズへの対応など、金融機能を維持することの重要性を再認識させた。金融サービスの円滑な提供は、経済社会全体の機能を維持することにもつながる。

2　地方創生・再生と金融

(1)　第一次産業の維持発展と金融

日本の農産物などへの海外の高評価

地方の創生・再生のためには、地域を支える農業や水産業などの生産性を向上させ、その魅力を高めていく必要がある。このことは、地方から都市部への人口や産業の流出をとめるうえでも重要となる。そのために、データや情報技術を活用できる

図表63　日本の農林水産物は海外で人気
（農林水産物・食品輸出額の推移）

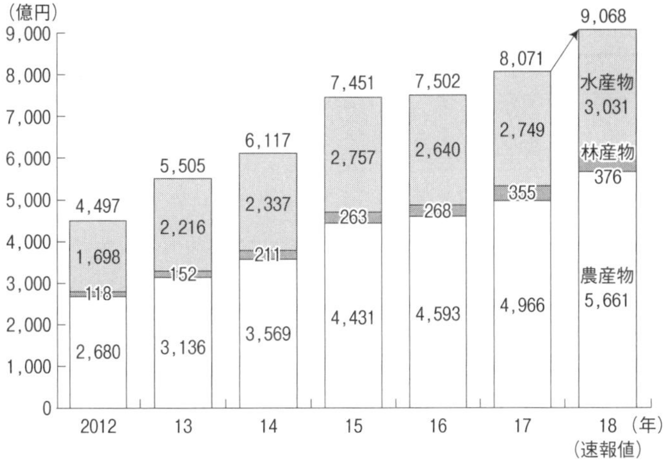

（出所）　農林水産省食糧産業局

余地は大きい。

日本の農産物や地域の特産品のなかには、海外市場で高い評価を受けているものが多い（図表63）。

いまや、地域の農産物や特産品を最も高く評価してくれるのは、海外の消費者やバイヤーかもしれない。このなかで、販路開拓やマーケティングにおいて、データやAIを活用するニーズは増している。さらに、農産物や海産物の新鮮さを保ったまま効率的に遠隔地に輸送したり、原産地から消費地までの商品の動きをトラッキングすることでブランド価値を高めるといった取組みを行ううえでも、情報技術の活用は有益であろう。

金融の役割

このように、地方の農産物や特産品を国境を越えて広くマーケティングしていくうえで、金融の果たしうる役割は大きい。

播種から収穫・販売による収益化までをファイナンスする農業金融は、金融のなかで最も歴史の古いものの１つであり、農業と金融の関係はもともと深い。さらに今後は、マーケティングやブランディング、宣伝、さらには法人形態での農業運営に伴うファイナンスなど、より多様な金融面からのサポートが必要とされるだろう。

また、地方の特産品や地域振興に共感する人々を募るクラウドファンディングやエクイティ資金へのニーズも高まる可能性がある。

さらに、地域金融機関が、地域でのレピュテーションやネットワーク、要地での店舗などを活用し、地方の農産物や特産品のマーケティングやブランディングに自らかかわっていくことも考えられる。

(2) 事業承継と金融

経営者の高齢化

中小企業経営者の高齢化が進むなか、地方経済の発展のためには、事業承継を円滑に進め、企業の継続価値を維持していくことも重要となる（図表64）。

中小企業経営者の高齢化は、かつて起業によって経営者とな

図表64　中小企業経営者の2025年における年齢

2025年には、70歳（平均引退年齢）超の中小企業・小規模事業経営者は約245万人となる見通し。その約半数の127万人（日本企業全体の約３割）が後継者が見つからない状況となりうる（→約22兆円のGDPが失われうるとの中小企業庁試算）。

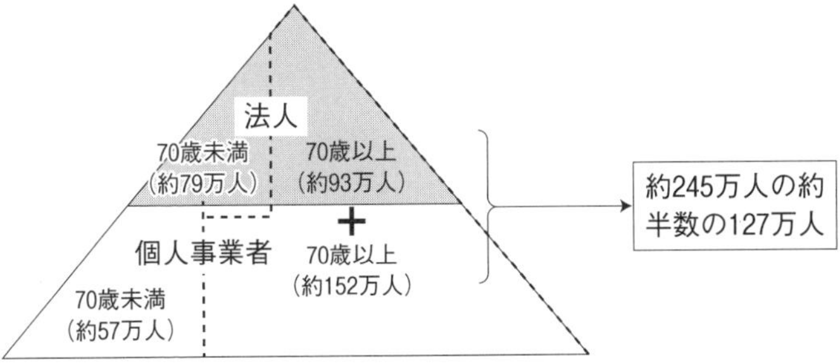

（注）　2016年度総務省「個人企業経済調査」、2016年度株式会社帝国データバンクの企業概要ファイルから推計。

（出所）　日本銀行金融高度化センター「金融機関における事業承継支援」（2018年11月６日）

図表65　経営者の生年別分布

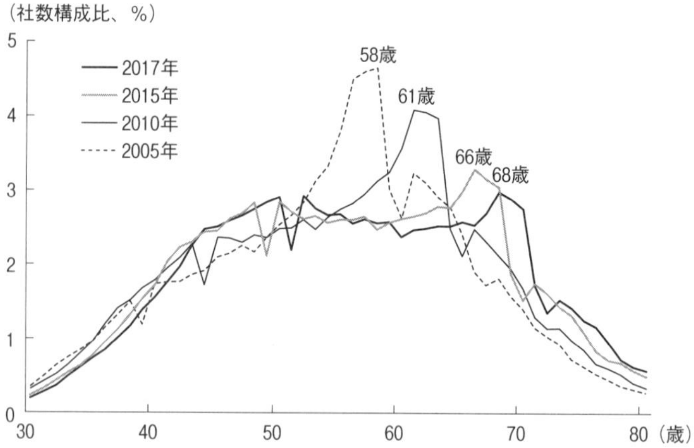

（注１）　CRD協会のデータをもとに作成。
（注２）　CRD協会に加盟している信用保証協会・金融機関の保証・融資先中小企業。グラフに掲載している数値は、最頻値の年齢。
（出所）　日本銀行金融高度化センター「金融機関における事業承継支援」（2018年11月６日）

った人々が、そのまま高齢化していることによる面が大きい（図表65）。

仮に継続価値が誰の目からみても十分に高い企業であれば、そもそも市場ベースで買い手を見つけやすかったはずである。逆にいえば、長年にわたり後継者難に直面してきた企業ほど、その価値を引き出し、アピールすることが十分にできていない可能性が高い。

したがって、企業の継続価値を生かしながら事業承継を円滑に進めるには、金融面も含めた広範な支援を通じて、企業のポテンシャルを最大限に引き出す必要がある。

企業価値を高めるための取組み

具体的には、企業の潜在的価値を高く評価し、これを成長させられる人材やリソースを探し出し、マッチングしていくことが求められる。ある県の企業の価値を最大化できる人材やリソースは、他県や海外に存在しているかもしれない。この観点からも、プラットフォームの構築やデータベースの共有、ビッグデータ・AIの活用などが鍵となろう。さらに、マッチングに貢献した主体が妥当な対価を得られる仕組みも重要となる。

そして、企業の潜在価値を見出し、これを最大化していくうえでは、知的財産権の管理や活用、資産再評価や不要資産の売却、新規投資、財務リストラなど、広範な支援が求められるケースも多いだろう（図表66）。

図表66　事業承継問題の解決のために

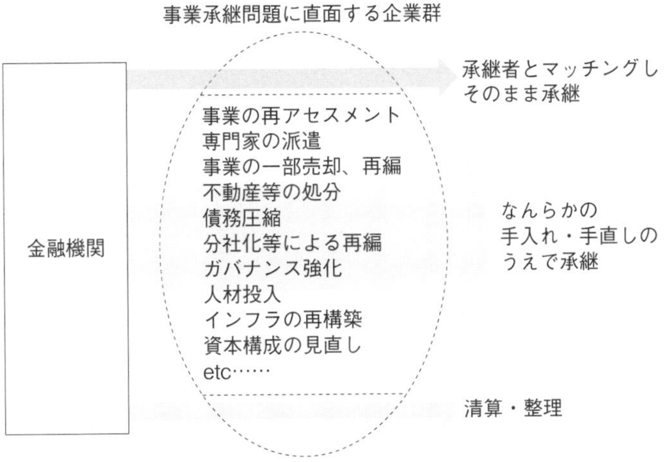

このような多様なニーズについて、知見を備えた人材やリソースを集め、１つの方向に向かわせていくうえでも、地域で高い信認を得ている金融機関には大きな貢献が期待される。

もちろん、そうした手を尽くしても企業に継続価値が見込めない場合には、企業を清算し、リソースを経済社会に戻すことも選択肢となる。このような場合にも、清算価値を最大化する観点から、企業の資産（知的財産権など）を最も高く評価する主体に売却するなど、高度な知識と専門性が求められる。これらの面で金融と情報技術が貢献できる余地は大きい。

3 持続可能な経済社会と金融

(1) 金融のさらなる民主化

各人のための金融

情報技術は、金融のさらなる「民主化」を進めるものでもある。

情報技術革新は、金融サービスへのアクセスを全世界で急速に進めたが、このような「金融包摂」は、もちろん金融民主化の重要な要素である。加えて、「自分のお金の使われ方を自分で決める」「金融サービスに自分の意向を反映させる」といった余地も拡大している。

これまで個人にとって、自分のお金がどのようなプロジェクトに投資されるのかについて、自分の意思を反映させることは容易ではなかった。多くの人々にとっては、銀行預金が金融資産のなかで大きなシェアを占めていたからである。

しかしながら、直接金融市場やさまざまなファンドの登場に加え、フィンテックの潮流のもと、P2Pレンディングやクラウドファンディングのプラットフォームが拡大している。このようななかで、人々が、「環境やガバナンスに配慮している企業・プロジェクトの資金調達に協力したい」といった意向を、金融仲介に反映させることも可能となっている。

たとえば、クラウドファンディングでは、「被災地を応援する」「好きな漫画をアニメ化する」など、プロジェクトの趣旨を狭く限定し明確にするほど、賛同者からの資金を調達しやすい傾向がみられる。もちろん、このようなインフラが機能するうえでは、企業やプロジェクト側の情報開示やファンドの運営が適切に行われることが前提となる。

個人が多数の企業やプロジェクトの妥当性や情報発信の透明性などをすべて独力で判断し、投資を決定していくことには大変な手間とコストがかかる。

したがって、これからの金融仲介は、①各主体が投資や融資のプロ（銀行、アセットマネージャーなど）の知見を信頼し、これに委ねるケースや、②各主体が自ら踏み込んで自分のお金の使われ方をコントロールしていくケースなど、さまざまな形態がハイブリッド化していくことが予想される。

前者の場合でも、環境や持続可能性、ガバナンスなどへの関心が高まるなか、銀行やアセットマネージャーの側も、環境や持続可能性、ガバナンスなどに配慮した融資モデルや投資戦略の構築が、資金を集めるうえで一段と重要になっている。このように、人々が自らの意思を資金の使途に反映させられる可能性は、間接的にも高まっている。

⑵　持続可能性と金融――ESG、SDGs

環境問題への世界的関心の高まりと金融

環境問題への関心が世界的に高まるなか、企業にとっても、環境や持続可能性への配慮をアピールすることは、経済活動や資金調達を進めるうえで重要な要素になりつつある。このような傾向は、特に欧州で顕著である。

また、金融分野でも、ESGやSDGs、グリーンボンド市場などの重要性が高まっている。このような動きは、前述の「金融のさらなる民主化」の一側面とみることもできよう。すなわち、個々の投資家による、「環境や持続可能性をより重視する企業に資金を振り向けたい」との意向が、関連する市場の成長を促している。現在、多くの国々が、新たな成長市場として、グリーンボンド市場の誘致や育成に取り組んでいる。

日本の金融に期待される取組み

日本の企業も、グローバルでの活動や資金調達も展望し、ESGやSDGsの戦略策定やアピールに注力していくことが求められている。同時に、東京金融市場の発展という観点からは、グリーンボンド市場も含め、環境や持続可能性などの社会的要請に配慮した市場育成に努めていく必要がある。このことは、日本の金融インフラの競争力強化や、海外からの信認確保といった観点からも重要である。

また、日本ではもともと、環境対応技術に先進的に取り組んできた企業が多い。しかしながら現在、ESGやSDGsに関する金融面からの評価指標は、米欧発のものが主流となっている。このことは、日本の企業や金融機関の環境面での取組みや到達度が、もっぱら海外のスタンダードで評価されがちとなる可能性を示している。この観点からは、投資の判断要素として重要性を増しつつあるESGやSDGsについて、グローバルに通用する日本の評価基準を発信し、広めていく取組みも有益であろう。

(3)　競争・独占の問題と金融

技術革新・データ革命の二面性

情報技術革新やデータ革命は、①市場をより競争的にする側面と、②市場の独占・寡占を促す側面の両方を有している。

まず、市場をより競争的にする側面からみていく。

情報技術革新のもとで、経済活動や金融活動が国境・県境などの地理的境界を乗り越えることは、以前に比べ格段に容易になっている。いまや、沖縄の人々がネットバンキングやモバイルバンキングを通じて、北海道や海外の金融機関に預金をもったり、これらから貸出を受けることが容易になっている。

このことは、独占禁止政策において市場シェアを判断する場合の基準となる「関連市場（relevant market）」の範囲を広げ、競争を促進する効果をもちうる。たとえば、ある特定の金融機関が、県内において大きなシェアを占めていても、県民が県外の金融機関に預金したり、県内企業が県外の金融機関から融資を受けることが容易になっていれば、市場は実際には十分に競争的といえる。

さらに、クラウドの拡大や分散型技術の登場、システム開発やソフトウェア開発における「オープン化」や「アジャイル化」、さらに「オープンAPI」の普及なども、市場を競争的かつ「コンテスタブル（新規参入のプレッシャーを受けやすい状況）」にする方向に働きうる。たとえば、クラウドの拡大は、従来に比べ少ない初期投資コストで、市場に参入することを可能とする。

一方で、データの、①使っても減らない、②保管に場所をとらない、③たくさん集めるほど効用が大きく高まりうる、という性質が、新たな力の集中や独占・寡占を生む可能性もある。このようなデータの特性は、ひとたび特定の主体にデータが集まり始めると、ますます多くのデータが集積するという“winner takes all”の状況につながりやすいからである。さらに、データの蓄積を進めた主体が、さらに計算力で大きなシェアを占めていくことも予想される。実際、米国のGAFAや中国のBATなどのBigTech企業について、このようなパワーの集中を懸念する声が、国際的に強まっている。

金融面へのインプリケーション

これらの問題について、金融面から考えるべき点は多い。典型的には、①支払決済インフラのあり方、②クラウドの利用、③ユーザーの保護、の問題があげられる。

前述のとおり、あらゆる支払決済インフラは、強力な「ネットワーク外部性」を有している。ユーザーにとっては、使える店が多いほど、その支払決済手段をもつことの効用は大きくなる。また、店側にとっては、その支払決済手段をもつ顧客が多いほど、これを受け入れるメリットも大きくなる。

各国の事例をみても、支払決済インフラは、そのネットワーク外部性ゆえに、比較的少数のプラットフォームへの集中が進みやすい。たとえば、人口約14億人の中国でも、モバイル決済はAlipayとWeChat Payの２つが巨大なシェアを有している（図表67）。

また、スウェーデンでは、民間銀行がすべて相乗りするSwishが、モバイル決済プラットフォームとして圧倒的なシェアを占めている。

銀行券については、中央銀行が一元的に供給する旨法律で定められているが、キャッシュレス決済の広がりとともに、民間の提供する支払決済手段が、リテール決済でも大きなシェアを

図表67　中国のモバイル決済の市場シェア（2018年第４四半期）

（注）　中国の調査会社「易観」のデータ等、公開資料に基づき作成。

占めるようになっている。このようななかで、消費者の利便性と競争的な環境をどのように両立させていくかが、多くの国にとって重要な課題となる。

また、比較的少数の企業がクラウドの提供において大きなシェアを占めるようになるに伴い、クラウドを利用する金融機関からすれば、いったん特定企業のクラウドの利用を始めると、他の企業のサービスに乗り換えにくくなるという、“Lock-in”の問題も指摘されている。

さらに、特定の少数企業へのデータの集中が進むなかで、仮に特定の個人について誤ったデータが蓄積されれば、金融を含む広範なサービスの提供において、サービスを受けにくくなるといった不利益を被るのではないかとの懸念も出されている。これらの問題について、金融サービスの提供側が真摯に取り組んでいくことが求められる。

このような、情報技術革新やデータ革命が独占や競争に及ぼす影響は、独占禁止政策にも大きなインプリケーションをもつ。すなわち、これらの変化は、独占禁止政策に対し、地理的境界の希薄化に伴う関連市場の変化をどうとらえるか、また、データの特性や支払決済インフラの「ネットワーク外部性」をどう考えるかといった、新たな課題を提起しているのである。

第6章

ポスト・フィンテックと金融5.0

1　マネーの未来

(1)　マネーの多機能化

さまざまな異星人が銀河の間を行き来する未来映画『スター・ウォーズ』シリーズでは、主人公の一人ハン・ソロの借金問題以外には、金融の話はほとんど出てこない（ミレニアム・ファルコン号が借金の担保として差し押さえられていることからみて、質権類似のものは存在するらしい）。では、帝国軍や反乱軍は、どうやって艦隊を整備したのだろうか。異星人はどのように生計を立て、異なる銀河の間での分業を実現しているのだろうか。この最終章では、これまでの考察をふまえ、未来の金融―金融5.0―の姿を展望する。

まず、マネーの将来の姿を展望してみたい。

現在のマネーをめぐる目まぐるしい動き ―世界的なキャッシュレス化の進行、暗号資産やリブラの登場、中央銀行デジタル通貨の構想、データとマネーの接近など― は、マネーの未来を考えるうえでも、多くの重要なインプリケーションをもっている。

情報技術のさらなる発展に伴い、これからのマネーは、その機能をますます拡充させていくだろう。具体的には、マネーに価値情報だけでなく、広範な情報やデータを運ぶ、「情報やデータの媒体」としての機能をさらに強化していくことが考えられる。

その一方で、マネーのユーザー側にとっても、自らの情報やデータの利用をいかにコントロールするかが重要な課題となってくる。このことを反映し、将来のマネーには、「マネーを通じた情報やデータの媒介」と並行して、「マネーを使う側が、マネーに付随する情報やデータの利用をコントロールする」といった機能も求められていくだろう。

また、技術進歩に伴い、マネーに「取引の執行」といったアクションの機能をもたせることも可能になっている。このことを反映し、将来のマネーは、さまざまな経済主体に対する「指図の束（set of instructions）」としての機能を拡充していく可能性が高い。このような機能を、取引の効率化に加え、ユーザーの保護などにどう役立てるかも重要な課題となるだろう。

たとえば、マネーと本人認証を紐づけたり、モノを届けたら同時に支払も完了する（逆にいえば、モノが届くまでは支払も行われない）など、取引執行の機能を、取引の安全や消費者保護に役立てていく取組みなどが、ますます重要となる。

(2) マネーの供給構造の変化

前述のとおり、近代以降のマネーの供給は、国家の枠組みのもと、民間銀行と中央銀行の「二層構造」を基盤として行われてきた。すなわち、①中央銀行は広く一般向けに銀行券を発行するとともに、主に民間銀行向けに中央銀行当座預金を発行する、②民間銀行は中央銀行に当座預金口座をもち、預金通貨を発行する、というものである。

しかしながら、世界的なキャッシュレス化の潮流のもと、デジタル化されたノンバンクの債務が支払決済手段として広く使われるようになるとともに、前述のような二層構造にも変化の兆しがみられている。たとえば、ノンバンクが中央銀行に新たに口座をもったり、中央銀行が運営・関与する支払決済システムに参加するなどの動きが、英国、スイス、中国などの国々でみられている。

中央銀行も、決済リスクを削減する観点から、自らの支払決済システムの参加者を広げ、稼動時間を延長する傾向にある。すでに欧州や豪州、中国、韓国、ニュージーランドなどが中央銀行決済システムの24時間（ないし24時間に近い）稼動を実現しているほか、英国や米国も現在、中央銀行決済システムを24時間近く稼動させる検討を進めている。すなわち、中央銀行が、時間・空間の両面でより踏み込んで中央銀行マネーを提供し、決済リスクの削減を図るようになっている（図表68）。

さらに、中央銀行デジタル通貨の検討も、前述のような「二層構造」の変化を加速させうる。

中央銀行が銀行券の代わりに広く使えるような中央銀行デジタル通貨を直接発行することは、中央銀行が一般の人々にも口座を広く開放し、その決済システムを１年365日、１日24時間稼動させることに近い。したがって、このようなデジタル通貨を発行するとなると、もはや、中央銀行口座の保有主体を銀行

図表68　中央銀行マネーによる決済

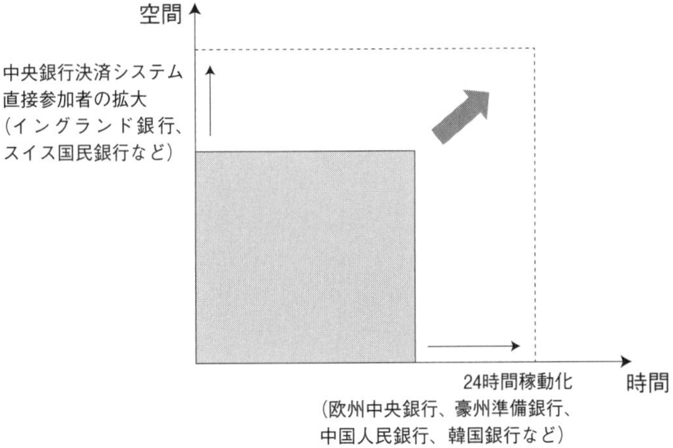

などに限定する意義は乏しくなっていく。そうなると、これまでの「二層構造」は、一層構造とも組み合わされた「ハイブリッド構造」に近づいていくことになる（図表69）。

このような構造変化をさらに進めるべきかについては、さまざまな論点がある。決済リスクの削減という観点だけからみれば、ノンバンクも含め幅広い主体が、信用リスクのない中央銀行マネーを直接使って決済できれば、リスクの削減につながるかもしれない。一方で、これまでの金融規制や銀行規制は「二層構造」を前提につくられてきた。たとえば、中央銀行決済システムに直接参加する銀行などの金融機関は、他の産業よりも厳しい自己資本規制や流動性規制を満たすよう求められている。この点を考慮せず、中央銀行決済システムへのアクセスを

図表69　「二層構造」のハイブリッド化

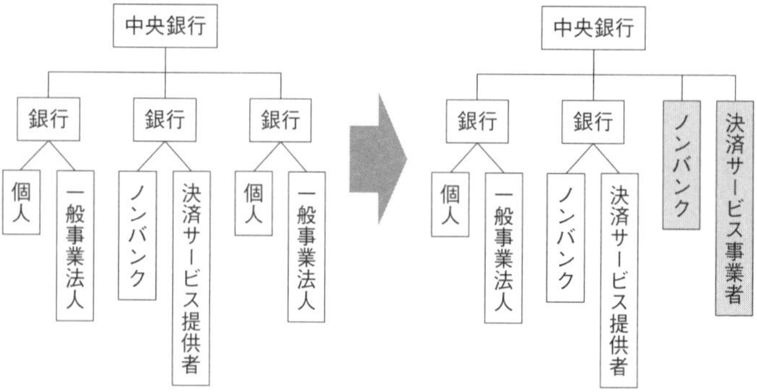

拡大していった場合、競争条件の不平等の問題も深刻化するおそれがある。また、中央銀行に直接参加するノンバンクが流動性不足に陥った場合、中央銀行は不履行の連鎖を防ぐために「最後の貸し手」機能を提供せざるをえなくなる可能性があり、このことはモラル・ハザードの問題にもつながりうる。

二層構造の将来は、「自らの債務を広く支払決済に提供するノンバンク企業はいかに規制監督されるべきか」といった論点とともに、包括的に検討されるべき問題といえる。

さらに、二層構造がハイブリッド化していく場合、日常の支払決済に伴うさまざまな情報やデータが、民間ではなく中央銀行に集まってくる可能性も考えられる。したがって、支払決済インフラの未来を考えるうえでは、経済全体におけるデータの有効活用という視点も重要となる。このように、将来の効率的な支払決済インフラの構築のためには、規制監督やデータ活用の問題も含めた総合的な検討を行っていくことが求められる。

現段階での“best guess”としては、現在の「二層構造」がよりハイブリッド化していくとしても、完全に「一層構造」化する可能性は低い。今後、情報やデータの活用がますます重要な社会的課題となっていくなか、あらゆる支払決済に関する情報やデータが中央銀行に集まることは、「民間のイニシアチブを生かしたデータの活用」という観点からは効率的ではなかろう。また、自らの債務を広く支払決済に提供する主体は、たとえノンバンクであっても、支払決済の安定という観点から、相応のリスク対応やモニタリングが求められるだろう。

(3) 国家を超えるマネー

現在のマネーは、基本的に近代国家の枠組みに基づいて供給されている。AlipayやWeChat Payも、その単位は人民元であり、人民元との1対1の交換を信頼の拠り所としているという意味で「国家の枠組みに基づくマネー」の延長線上にある。ユーロも、あくまで国家間の合意に基づいている。これは、マネーに必要な「信頼」を構築するうえで、国家の枠組み —各国の法制や徴税権、中央銀行の独立性を支える制度的枠組み、発行量をコントロールする仕組みなど— を使うことが、最も効率的かつ安上がりであるためといえる。

2009年以降の暗号資産の登場は、「国家を超えるマネー」の登場を予感させるものであったが、現実には支払決済手段として大きく広まることはなかった。これらの暗号資産はむしろ、かつてソブリン通貨に淘汰された歴史上のさまざまな私的マネー（たとえば、19世紀に米国の「山猫銀行」が発行した民間銀行券）との類似点が多かった。すなわち、発行者が発行益を得られるインセンティブ構造のもと、過剰発行が行われやすく、支払決済手段として十分な信認や規模を獲得するには至らなかった。

これに対しリブラは、民間ベースで「グローバル・ナローバンク」をつくる仕組みを通じて、「国家の枠組みに基づくマネー」という近代以降の枠組みに、初めて本格的にチャレンジするものといえる。それだけに、各国当局が強い関心をもったのは当然といえる。

マネーの根幹が信頼・信認であることをふまえれば、「国家を超えるマネー」が本当に登場しうるのかは、「近代国家に代わる、より優れた信頼構築の枠組みがありうるのか」と表裏一体の問題である。

米国のGAFAや中国のBATといった、国境を越えて活動するBigTech企業も、現時点では、主要な国家よりも効率的に信頼が構築できるとまではいえない。これは、民間企業は、主権国家がもつ法律の制定や徴税権、裁判制度といった機能まではもちえないためである。国家を上回る信頼構築の仕組みが直ちにできるとは想定しにくい以上、十分な信頼と使い勝手を備えたソブリン通貨が、「国家を超えるマネー」に凌駕されていく事態も考えにくい。

しかしながら、小国や政策への信認が低下した国々は、信頼構築の面でもすでに巨大民間企業に劣後している可能性もある。さらに、デジタル技術の進歩は、経済のグローバル化と相まって、国内で外貨や外貨建ての支払決済手段を使うコストを引き下げうる。そうなると、このような国々では、自国通貨を国内で流通させることを諦め、信認の高い他国通貨や、そのバスケットを裏付資産とするステーブルコインを法定通貨として採用する可能性すらあろう（実際、エクアドルはすでに米ドルを法定通貨としているなど、このような可能性は理論的にも現実的にも十分ありうる）。

その結果、世界の通貨制度は、いくつかの主要通貨とこれらのバスケット通貨へと、集約が進むかもしれない（図表70）。

また、キャッシュレス決済の普及やリブラの構想は、中央銀行デジタル通貨の取組みを促している。これも、中央銀行が自ら、新しい技術を応用しながら中央銀行マネーの使い勝手の向上に努めないと、外貨や他の支払決済プラットフォームに凌駕

図表70　通貨制度の将来像

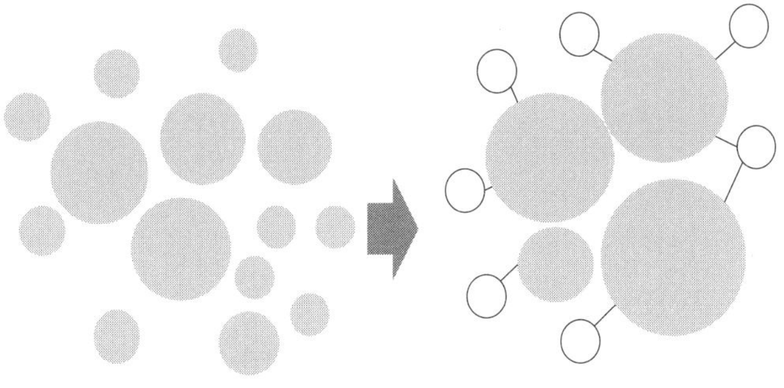

されてしまいかねないという、中央銀行マネーも含めた支払決済インフラ間の競争激化を反映している。

したがって、やはり現時点での“best guess”としては、デジタル技術革新が進むもとでも、国家が残る限り、「国家に基づくマネー」も機能し続けるだろう。その一方で、信認の低いマネーや使い勝手の劣るマネーはより淘汰されやすくなるなど、中央銀行マネーを含む広範なマネーが、より強い競争圧力にさらされていくと予想される。

(4) マネーは消滅するのか

情報技術の進歩に伴い、遠隔地の人々とコミュニケートすることが飛躍的に迅速かつ容易になっている。では、情報技術がさらに進歩していった場合、マネーが消滅する可能性はあるのだろうか。

マネーは、見ず知らずの人々同士をつなぐインフラである。もっとも現在、「見ず知らずの人々同士をつなぐインフラ」は、マネー以外にも数多く登場している。典型的には、SNSなどがあげられる。

情報技術革新がさらに進めば、地球の裏側にいる人々とも瞬時にコミュニケーションができ、合意が形成できるだけでなく、「スマートコントラクト」などを通じて、将来の履行まで担保できる日が来るかもしれない。たとえば、「今日ミカンを渡して、明日リンゴを受け取る」、さらには、「今日労働し、30年後の老後にリンゴを受け取る」といった物々交換について、遠隔地の人々とも直ちに合意でき、さらに、これらの履行が確実に確保されるようになれば、マネーによる取引が無数の物々交換に置き換えられることすら、思考実験としては考えられないわけではない。

このように、人々が生きていくうえでの不確実性を完全になくすことができれば、少なくとも概念的には「マネー不要の経済」を想像することはできる。

たとえば、今日の労働を30年後の食料や住居、旅行などと交換する契約を結び、その履行を確実に担保できれば、「老後のための貯蓄をする」のと同様の効果を、マネー抜きで実現できるかもしれない。

しかしながら、人間が生きていくうえで、不確実性は避けられない。そうした不確実性の典型としては、「寿命」や「健康」があげられる。人間は、自分が何歳まで生きるのか、また健康でいられるのかどうかすら把握することはむずかしい（30年後に必要となるのは、海外旅行ではなく医療かもしれない）。

さらに、来年の景気や天気、自然災害、疫病などを予測することすら容易ではない。したがって、マネーが完全になくなることもないだろう（また、今日の労働を、マネー以外のなんらかの将来に向けた請求権に交換することは、結局、新しいマネーをつくりだすことに近くなる）。

このような不確実性は、人間が生きるうえで、むしろ必要不可欠なものといえる。不確実性がまったくなくなった世界では、マネーは不要となるかもしれないが、生まれた瞬間にすべてが決まっているような世界は、人間にとって生きる価値を見出しにくい世界でもあろう。

仮にマネーがなかったら、リンゴを収穫した人は、直ちにそのリンゴを食べてしまうか、何かと交換するほかはない。

しかし、将来何が起こるのか正確にはわからないなか、リンゴを何に取り換えればよいのか、その時々で最善の判断をすることはむずかしい。しかし、信頼できるマネーがあれば、リンゴをいったんマネーに換え、後になってから別の財やサービスに交換することが可能となる。したがって、リンゴをつくるのが得意な人は、自分が全部食べられるかどうかにかかわらず、リンゴの生産に集中できる。

このようにマネーは、人間が避けがたい不確実性のなかを生きていくうえで、主体的に判断し行動する余地を、大きく広げてくれる。このことは、将来においても変わらないであろう。

2 金融の未来

(1) 金融のシームレス化

スマートフォンが、きわめて短い期間のうちに全世界で爆発的に普及した大きな理由は、これが基本的にはコミュニケーションツールであったためである。スマートフォンがデジタル技術を集めたというだけでは、これほどの急速な普及は実現できなかっただろう。新しい技術を、人間の本質的な性向である「コミュニケーション」に振り向けたからこそ、急速に広がったのである。

金融の根本は、情報処理・データ処理のインフラとして、人や企業を結びつけ、さまざまな協力を実現することにある（無人島に流されたロビンソン・クルーソーには金融は不要だが、他者との協力や分業ができないため、生産性や生活水準は大きく低下する）。

したがって、金融とコミュニケーションツールは、本質的に親和性が高い。

一方で、デジタル技術革新に伴い、SNSなど、不特定多数の人々をつなぐ新たなコミュニケーション手段も登場している。これからの経済社会では、情報端末を通じて、金融と他のコミュニケーション手段が共存し、時に併用されていくだろう。

たとえば、起業や社会貢献活動を行おうとする人々は、SNSなどを通じて協力者を募る方法や、クラウドファンディングによる資金調達、さらには、ファンドからの出資や金融機関からの借入れなど、さまざまな選択肢のなかから適切なものを選び、組み合わせていくことになるだろう。このなかで、金融と他の経済活動との間の「シームレス化」も進み、「金融」と「非金融」の区別も、一段と希薄化していく。

たとえば、起業をしたい人は、自らの情報端末（将来の情報端末の主流は、もはやPCやスマートフォンでなく、ウェアラブルになっているかもしれない）を立ち上げ、オンラインで会社を設立する。そして、資金を調達する局面では、SNSやクラウドファンディング、エクイティファイナンス、借入れといった複数の選択肢が端末上で表示され、このなかからAIなどの助言をふまえながら選択していくことになるだろう。

⑵　金融のポータブル化

前述のような変化に伴い、将来の金融は、それぞれの人々が、現在のスマートフォンに相当するような情報端末のなかに、「自分向けにカスタマイズされたポータブル銀行」や「自分のための金融機能」をもち運ぶかたちになっていくことが予想される。この操作を通じて、貯蓄や投資、借入れ、送金といった金融活動とその他の活動が、より一体となって提供されていくだろう。

このなかで、金融関連のサービスを提供する主体の顔ぶれも、一段と多様化していくだろう。たとえば、情報端末の操作を通じて資金を調達する場合、表示される画面の裏側では、①本人認証を行う企業、②リスク評価を行う企業、③融資リスクを負担する主体、④ファクタリングを行う企業、などがシームレスにつながり、サービスが提供されていくことが考えられる(図表71)。

そうなると、ユーザー側からみても、金融サービスを提供しているのが金融機関かどうかは大きな問題ではなくなってくる。この面からも、どの企業が「金融業」でどの企業が「非金融業」かを線引きし、定義していくことは、ますますむずかしくなっていく。このなかで、「金融」とは特定の主体ではなく、人々の求めるソリューションを提供するためにさまざまな機能を束ねる「プラットフォーム」としての色彩を強めていくだろう。

図表71　金融のポータブル化

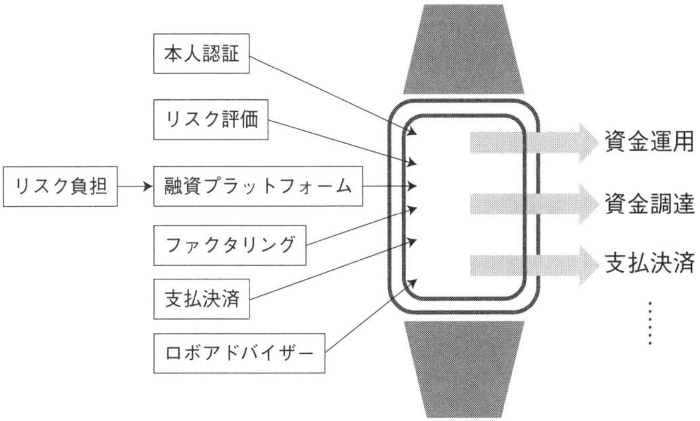

このなかで、金融に関連する広範な機能を束ねられるソフトウェアが、重要な核となっていく。シームレスな協調を実現していくうえでは、金融機関も含む広範な企業が、自らのITインフラの柔軟性を高めるとともに、APIのオープン化などを通じて、幅広い連携や協力を可能にしていくことが重要となる。

また、金融サービスのアクセス媒体として、店舗やATMではなく情報端末が中心になっていけば、サービスの提供主体が物理的にどこに所在しているかは、ユーザーにとってますます意味をもたなくなる。ユーザーは、提供者が他県、あるいは他国の主体であろうが、情報端末を通じて、自らが最適と思うサービスを選択していくだろう。

業態および地理的制約を超える金融サービスのシームレス化は、金融規制監督の面でも多くのチャレンジをもたらす。

まず、地理的境界の希薄化に対しては、金融規制監督の国際的調和がますます強く求められていく。このなかで、今後は、バーゼルⅢのような「規制」の国際的調和に加え、「監督」や「検査」の国際的調和も課題となっていくと予想される。究極的な姿としては、「世界金融監督局」が設立され、国際的に活動する金融サービス提供企業を、同じスタンダードで検査していく世界すら想像できないわけではない。実際、国際的に活動する金融機関に対する多国間の「監督カレッジ」や「危機管理グループ」の整備、欧州におけるSSM（Single Supervisory Mechanism）の構築などは、そうした方向性を示唆しているように思われる。

また、複数の主体がシームレスに連携し、クラウドなども積極的に活用しながら金融サービスを提供していく姿が展望されるなか、金融規制も、従来の「主体別」に代わる「機能別」の考え方 —すなわち、同様の機能やサービスを提供し、同様のリスクを負う主体には、同様の規制が適用されるとの考え方—を、一段と取り入れていくことになるだろう。

この際に課題となるのが、「規制監督のコスト」の問題である。「主体別」の規制監督のもとでは、たとえば「銀行業務」の担い手を「銀行業」に集約することで、銀行業務を規制監督するためには「銀行業」だけをモニタリングすればよいことになる。

見方を変えれば、「主体別」の仕組みは、これまでの技術水準のもとで、規制監督のコストをリーズナブルな範囲に抑えるために、規制監督の対象となる主体を集約したととらえることもできる。

これに対し、「機能別」の規制監督体系のもとでは、極端な場合、当局は経済主体すべてをモニタリングしなければならず、規制監督のコストが大きく増大しかねない。

したがって、機能別の考え方を規制監督に取り入れていくうえでは、同時に、情報技術を規制監督に応用するRegTech/SupTechの導入などを通じて、規制監督のコストや報告負担を引き下げていくことも求められる。将来の規制監督の姿としては、当局が金融サービスの提供主体とともにネットワークの「ノード」の1つとなり、必要な情報やデータが、リアルタイ

図表72　規制監督の変化－RegTech/SupTech

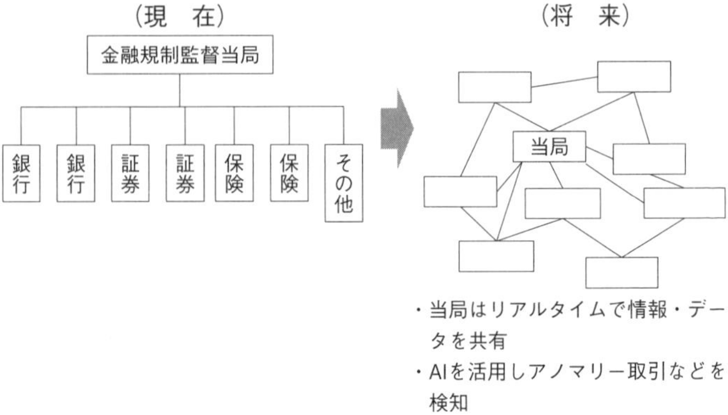

ムで当局に共有される姿が考えられる（図表72）。

そして、AIを用いたモニタリングツールが１年365日、１日24時間、金融サービスに用いられるアルゴリズムの弱点やアノマリーな取引、健全性低下の兆候などの検知に活躍していくだろう。そして、このモニタリングツールを環境変化にあわせて適切にアップデートしていくことが、規制監督当局の重要な仕事になっていくだろう。

(3)　データをつくりだすインフラとしての金融

金融はデータを収集し処理するインフラであること、また、近年ではデータの収集や処理において優位性をもつプラットフォーマー（BigTech企業など）が伝統的な金融業の外側に登場し、データの獲得をめぐる競争が激化していることは、前述のとおりである。

一方で、データは決して道端に転がっているわけではない。BigTech企業がデータの集積において優位に立てたのは、スマートフォンや検索エンジン、検索機能と結びついた地図、eコマースのプラットフォームなど、「データをつくりだす」インフラを構築したからである。この点では、未来の金融サービス業が、潜在的に有益なデータをどの程度つくりだせるかが、重要なポイントとなる。

多くのデータは、異なる主体間の接点から生まれる。この点で、金融サービスは昔もいまも、さまざまな接点をつくりだせる可能性をもっている。デジタル化の進展により、基本的な金融サービスをほぼオンラインで提供できるようになっているなか、金融機関店舗などの物理的な拠点については、「どれだけのデータをつくりだせているか」という観点から、その意義を再考していく必要がある。

デジタル化のもとでも、人々が物理的に集まる拠点の意義が失われるわけではない。たとえば、カナダ・トロント市でグーグルが中心となって進めている“Toronto Sidewalk Project”では、人々がそれぞれの家に籠らず、外に出て互いに交流できるコミュニティをいかに構築するかが重要なテーマとなっている[36]（図表73）。

このことをデータの観点からみれば、対面でのコミュニケーションは、PCやスマートフォン経由の入力情報からは把握で

36　内容については、Sidewalk Labs, “Toronto Tomorrow”（2019年）ホームページなどを参照。

図表73　トロントの“Sidewalk Project”より

（出所）　Sidewalk Labs

きないデータ―たとえば表情や口ぶり、仕草など―の宝庫である。このことは、中長期の与信リスク管理において、対面によるコミュニケーションがなお大きな意義をもっていることと整合的である。

金融機関の店舗が、オンラインでは得られないデータをどの程度つくりだし、収集できているのかという観点からは、今後、基本的な金融サービスを提供するためのハイカウンター型の店舗は、ますますその存在意義を希薄化させていくだろう。一方で、地域の人々のコミュニケーションの接点となりネットワークの核となるような拠点へのニーズは、むしろ高まっていくと予想される。

たとえば、起業をしたい人が足を運ぶことで、資金調達だけでなく、ヒトや技術、ノウハウなどについても知見やネットワーク、コンサルティングを得られるような、課題解決型の店舗が求められる。また、個人が暮らしていくうえで直面する問題について、さまざまな角度からのソリューションが提供される拠点へのニーズも強まるだろう。

金融サービスを提供する物理的拠点が、このような機能を担う場所へと変貌を遂げていくうえでは、金融だけでなく、小売や広告、通信、交通といった、広範な生活支援にかかわるネットワークのノード機能を果たす視点が求められる。もちろん、そのために必要な規制改革についても、並行して検討が進められる必要がある。

(4) 信頼の礎としての金融

金融は、不特定多数の人々の間での協力を生み出す高度な情報処理のインフラであり、その供給構造は技術革新に伴って変化しても、金融そのものの意義や重要性は変わらない。むしろ、情報技術の進歩は、金融の可能性を大きく広げるものである。

もちろん、この過程で、旧来型のサービスのなかにはコモディティ化したり、整理淘汰を余儀なくされるものもあるだろう。しかし、DX（デジタル・トランスフォーメーション）は基本的には、金融の機能を高めるものである。そして、情報技術をこの方向で活用していくうえでは、信頼や信認が鍵となる。

信頼や信認は、歴史上も常に金融の根幹であったが、前述のように、人々が自らの情報端末のなかに自分用のポータブルな金融機能をもち運ぶ時代になっても、信頼や信認の確保は、最も重要なテーマであり続ける。

たとえば、資金調達において、クラウドファンディングやファンド出資、銀行借入れなど、さまざまな選択肢が広がっていることは、逆にいえば、それぞれの人々にとって判断のコストが増えやすいということでもある。立派な社会的目的を掲げるクラウドファンディングの募集は、実際にはネズミ講の勧誘かもしれない。

人々にとっては、「自分がすべてを判断するか、あるいは、誰か信頼できる主体を見つけ、その判断に委ねるか」を常に問われることになる。そして多くの場合、人々は後者を求めるだろう。

このように、将来の金融にとって、信頼や信認は一段と重要になる。起業家が資金調達を検討する場合、金融というプラットフォームに預けるのは、自らの情報やデータなのである。起業家は自らの情報やデータを最も有益かつ安全に活用してくれると信じるプラットフォームに、これらを預けようとするだろう。

したがって、将来においても、その時々において高い信頼と信認を備えた主体が、金融機能の提供において優位に立つことは変わらない。そして、「お金を預かる」時代から「情報やデータを預かる」時代に移行することで、求められる信頼・信認はより高度化するだろう。

これからの金融サービス提供主体は、人々が自らの「情報」や「データ」を安心して預けられる主体であり続けるために、「これらの情報やデータをしっかりと守り、顧客にとって最も利益となるよう生かす」ことへの信頼を確保していかなければならない。そのための要素は、従来の「頑丈な金庫」や「十分な自己資本」に加え、「適切なアルゴリズム」や「データセキュリティ」「サイバーレジリエンス」など、ますます多様化していくだろう。

そして、これらの新しい要請に対応した信頼の構築に最も成功した主体が、将来の金融においても主役を演じていくことになるだろう。

■ 著者略歴 ■

山岡　浩巳（やまおか　ひろみ）

1982年　筑波大学附属駒場高校卒
1986年　東京大学法学部卒
1990年　カリフォルニア大学バークレー校ロースクール修了
米国ニューヨーク州弁護士
1986年日本銀行に入行。パリ事務所、調査統計局景気分析グループ長、企画室企画第１課調査役、金融機構局参事役・大手銀行担当総括、金融市場局長、決済機構局長などを務める。この間、国際通貨基金（IMF）日本理事代理、バーゼル銀行監督委員会委員、国際決済銀行（BIS）市場委員会（MC）委員、同決済・市場インフラ委員会（CPMI）委員などを歴任。2019年よりフューチャー株式会社取締役兼フューチャー経済・金融研究所長。

（主要著書、論文）
『国際金融都市・東京構想の全貌』（銀行研修社）（2017年　小池百合子氏らと共著）
『決済の法と経済学』日銀レビューシリーズ16-J-３（2016年　渡邉明彦、竹内千春氏と共著）
『決済と担保―法と経済学の視点から―』日銀レビューシリーズ16-J-５（2016年　竹内千春、宇井理人氏と共著）
『ブロックチェーン・分散型台帳技術の法と経済学』日本銀行ワーキングペーパーシリーズ17-J-１（2017年　柳川範之氏と共著）
『情報技術革新・データ革命と中央銀行デジタル通貨』日本銀行ワーキングペーパーシリーズ19-J-１（2019年　柳川範之氏と共著）
"Managing the Exit: Lessons from Japan's Reversal of Unconventional Monetary Policy", *IMF Working Paper* 10/114（2010年　Murtaza Syed氏と共著）
"The Legal Framework for Central Banking in a Crisis: Japan's Experiences", IMF *Current Developments in Monetary and Financial Law: Volume 6:*（2013年）
"The Future of Central Banking", Accounting, Economics, and Law,（2019年）

KINZAIバリュー叢書
金融の未来
——ポスト・フィンテックと「金融5.0」

2020年5月27日　第1刷発行
2021年7月1日　第3刷発行

著　者　山　岡　浩　巳
発行者　加　藤　一　浩

〒160-8520　東京都新宿区南元町19
発　行　所　一般社団法人 金融財政事情研究会
企画・制作・販売　株式会社 き ん ざ い
出 版 部　TEL 03(3355)2251　FAX 03(3357)7416
販売受付　TEL 03(3358)2891　FAX 03(3358)0037
URL https://www.kinzai.jp/

校正：株式会社友人社／印刷：三松堂株式会社

ISBN978-4-322-13537-4

共通価値創造への挑戦
―勝ち残る地銀、生き返る製造業

●平山賢二[著]・四六判・252頁・定価(本体1,600円+税)

ゴールベース法人取引

●髙橋昌裕[編]・四六判・176頁・定価(本体1,500円+税)

種類株式を活用した 事業承継・相続対策

●都井清史[著]・四六判・248頁・定価(本体1,650円+税)

税から読みとく 歴史・社会と日本の将来

●栗原克文[著]・四六判・192頁・定価(本体1,600円+税)

銀行ならではの“預り資産ビジネス戦略”
―現場を動かす理論と実践

●井戸照喜[著]・四六判・184頁・定価(本体1,500円+税)

BtoB決済デジタライゼーション
―XML電文で実現する金融EDIと手形・小切手の電子化

●KPMGジャパン フィンテック推進支援室[編]・
四六判・212頁・定価(本体1,600円+税)

ゼロからわかる 金融マーケティング

●戸谷圭子[著]・四六判・156頁・定価(本体1,200円+税)

預り資産業務の真髄

●岡下和美[著]・四六判・208頁・定価(本体1,500円+税)